Lorsque
l'enfant paraît

Françoise Dolto

Lorsque
l'enfant paraît

tome 1

Éditions du Seuil

ISBN 978-2-02-093056-7
(ISBN 978-2-02-004701-2, 1re publication tome 1)

© Éditions du Seuil, 1977

Le Code de la propriété intellectuelle interdit les copies ou reproductions destinées à une utilisation collective. Toute représentation ou reproduction intégrale ou partielle faite par quelque procédé que ce soit, sans le consentement de l'auteur ou de ses ayants cause, est illicite et constitue une contrefaçon sanctionnée par les articles L.335-2 et suivants du Code de la propriété intellectuelle.

Préface

Au cours du mois d'août 76, alors que j'étais en vacances, je recevais un appel téléphonique. Le directeur de France-Inter, M. Pierre Wiehn, que je ne connaissais pas, me proposait de participer pour la rentrée, à une émission traitant des problèmes des parents vis-à-vis de leurs enfants. En vacances, penser à la rentrée ! non. Non catégorique aussi devant la difficulté d'une telle émission – quand tant de facteurs inconscients sont en jeu dans les problèmes d'éducation. Quelques jours plus tard, l'adjoint du directeur de France-Inter, Jean Chouquet, essayait par téléphone de se rendre plus convaincant. Il y a une grande demande, me disait-il ; beaucoup de parents, depuis que la radio est devenue le compagnon sonore du foyer, y cherchent des réponses à leurs problèmes psychologiques. Une émission sur les difficultés qui concernent l'éducation des enfants est à faire. Peut-être. Mais pourquoi vous adresser à moi, qui suis déjà trop occupée dans mon métier de psychanalyste ? C'est le rôle d'éducateurs de métier, de psychologues, de mères et de pères de familles jeunes. Beaucoup de personnes s'occupent de ces questions. Pour moi, c'est non... et je n'y pensai plus.

Mais, à la rentrée, Pierre Wiehn me retéléphonait. Venez seulement pour que nous parlions avec vous : nous étudions la question, venez réfléchir avec nous. Nous voudrions discuter avec vous de nos idées. C'est un projet qui nous tient à cœur. Je venais de rentrer, bien reposée, pas encore reprise par la presse des horaires. J'acceptai.

C'est ainsi qu'un après-midi de début septembre, j'allai au grand bâtiment de Radio France rencontrer ces messieurs, réfléchir avec eux, et peu à peu me laisser gagner à leur cause.

Oui, c'était vrai, il y avait quelque chose à faire pour l'enfance. Beaucoup de demandes de la part du public. Comment pouvait-on répondre de façon efficace sans nuire, sans endoctriner, et, en utilisant cette audience, faire quelque chose pour ceux qui sont l'avenir d'une société qui ne les entend jamais ? C'est vrai que tous les responsables des consultations médico-psychologiques constatent que les troubles d'adaptation pour lesquels les enfants leur sont amenés remontent souvent à la toute petite enfance. A côté des troubles réactionnels récents, dus à des événements scolaires ou familiaux, il y a de véritables névroses infantiles et des psychoses qui ont commencé par des troubles qui auraient été réversibles si les parents et les enfants avaient été aidés à se comprendre sans angoisse ni sentiments de culpabilité de part et d'autre. Ces troubles ont entraîné un état pathologique chronique, fait à la fois de dépendance, de rejet et de développement dysharmonique de l'enfant. C'est d'abord par des dysfonctionnements viscéraux digestifs, des pertes d'appétit, de sommeil, des agitations ou l'apathie, si ce n'est par l'entrée dans l'indifférence à l'égard de tout et la perte du goût à jouer, à bruiter, que les tout-petits expriment leur souffrance morale ; le retard de langage, les troubles de la motricité, les troubles caractériels sont des signes plus tardifs de la perte de communication langagière avec l'entourage. Ces phénomènes précoces sont légion dans la petite enfance et complètement ignorés de la plupart des parents, qui se contentent d'attendre l'âge scolaire en sévissant ou en donnant des calmants aux enfants gênants parce qu'un jour un médecin leur a indiqué ce médicament dont ils usent dès lors quotidiennement. On peut dire que, jusqu'à l'âge de la scolarité obligatoire, les difficultés relationnelles de l'enfance échappent comme telles à la conscience des adultes. Or, ce sont elles qui préparent un avenir psychosocial perturbé. Ce n'est pas que les parents n'aiment pas leurs enfants, c'est qu'ils ne les comprennent pas, ne savent pas ou ne veulent

Lorsque l'enfant paraît

pas, dans les difficultés de leur propre vie, penser aux difficultés psychiques des premières années de leurs fils et filles qui, dès les premières heures de leur vie, sont des êtres de communication et de désirs, des êtres qui ont besoin de sécurité, d'amour, de joie et de paroles plus encore que de soins matériels ou d'hygiène alimentaire et physique. Ou encore : la médecine et la chirurgie ont fait de tels progrès que bien des enfants qui autrefois, à l'occasion de maladies infectieuses autant que de troubles fonctionnels et de dérèglements physiologiques, mouraient en bas âge, sont sauvés ; d'autres sont sauvés après une vie fœtale difficile et une naissance prématurée suivie de longs séjours en couveuse ; mais c'est vrai que ces enfants si bien suivis médicalement, et physiquement rétablis, présentent souvent des symptômes de régression et des difficultés de développement langagier au sens large du terme, des troubles de santé psychosociale, tant dans leur milieu familial qu'en société et avec les enfants de leur âge. C'est bien trop tardivement, à l'âge de la fréquentation scolaire, que les effets d'une petite enfance perturbée dans son développement avant trois à cinq ans, se font connaître, par l'impossibilité dans laquelle se trouvent ces enfants de prendre part avec sécurité et joie aux activités des enfants de leur âge. Et c'est encore plus tard que, devant les troubles caractériels, les décompensations psychosomatiques en chaîne, les symptômes divers d'angoisse ou de rejet par le groupe de leur âge ou par les adultes de leur entourage, ils sont amenés à des consultations spécialisées. Encore heureux sont ceux-là, à côté de ceux qui sont dès lors ségrégués, séparés de leurs parents pour des séjours sanitaires ou des séjours en institutions qui, définitivement presque toujours, en font des citoyens à part.

C'est beaucoup plus tôt, dès que l'enfant pose problème à sa mère dans la vie relationnelle au cours de son élevage, que quelque chose devrait être fait. Mais comment ?

Il y a de nombreux cas où les parents sont lucides, voudraient comprendre l'échec de leurs efforts d'élevage ; mais ce sont des problèmes d'éducation au sens large du terme et ils essaient « tout » comme ils disent, s'angoissant de ne pas réussir, tandis que l'enfant perd la joie de vivre à force de ne pas arriver à se faire entendre, lui dont les troubles de développement sont des appels à l'aide adressés à ceux de qui, par nature, étant leur enfant, il attend tout. En provoquant leur angoisse, il s'angoisse encore plus.

Ne serait-il donc pas possible d'aider les parents en difficulté à s'exprimer, à réfléchir au sens des difficultés de leurs enfants, à comprendre ceux-ci et venir à leur secours, plutôt que de chercher à faire taire ou ignorer les signes de souffrance enfantine ? Informer de la façon dont on peut rendre la sécurité à un enfant, lui permettre de se développer, de retrouver confiance en lui après des épreuves ou des échecs, une grosse maladie, une infirmité résiduelle, une déficience physique, mentale ou affective réelle. Il n'y a pas de plus grande épreuve, pour des parents, que de constater leur impuissance devant la souffrance physique ou morale de leur enfant, ni de plus grande épreuve pour un enfant que de perdre le sentiment de sécurité existentielle, le sentiment de confiance naturelle qu'il puise dans l'adulte. Informer les parents. Répondre à leurs demandes d'aide. Dédramatiser des situations bloquées. Déculpabiliser les uns et les autres, afin de réveiller les puissances de réflexion ; soutenir pères et mères à penser autrement leur rôle d'auxiliaires au développement perturbé de leur enfant ; les aider parfois à se comprendre eux-mêmes à travers les difficultés que présente à leurs yeux ce seul enfant perturbé, cause apparente – parfois réelle – de leur désarroi, de difficultés qui sont souvent, à leur insu, réaction à leurs propres maladresses, lesquelles entravent l'évolution de leur enfant vers l'acquisition de son autonomie, lui donnant, selon son âge et sa nature, trop ou pas assez de liberté. Était-ce possible ? Ne fallait-il pas tenter l'expérience ?

Le danger n'était-il pas de faire croire à des solutions toutes faites, à des trucs éducatifs efficaces, alors qu'il s'agit souvent de problèmes émotionnels complexes, enracinés chez les adultes, devenus parents, dans la répétition

Lorsque l'enfant paraît

des comportements de leurs propres parents – ou, au contraire, dans l'opposition à leur condition de géniteurs, engagés trop jeunes dans des charges familiales auxquelles ils n'arrivent pas à faire face, en même temps qu'ils continuent leur propre adolescence prolongée : engagés dans une vie responsable trop tôt ? Bien sûr, il ne fallait pas espérer beaucoup, de ce genre d'émission ; mais était-ce une raison pour s'y dérober ? Bien sûr, cela soulèverait, quoi qu'on y dise, beaucoup de contestations ; mais était-ce une raison pour ne pas essayer ? Bien sûr, beaucoup de situations familiales sont trop délicates, trop de processus inconscients sont en jeu dans les pertes de communication en famille, pour qu'il soit permis aux parents de retrouver la sérénité, nécessaire à une telle réflexion ; d'autant plus que les parents en difficulté attendent de leurs enfants, de leur réussite, consolation à leurs épreuves personnelles. Que de parents blessés dans leur enfance, déçus dans leur vie affective de couple, et avec leurs proches, découragés professionnellement, misent tous leurs espoirs sur leur progéniture, dont le moindre échec les désespère et qu'ils accablent d'une responsabilité paralysante pour les jeunes, au lieu de les aider dans un climat de sécurité et de détente à garder confiance en eux-mêmes, et espoir...

Comment fallait-il procéder ? D'abord, ne pas répondre en direct et à n'importe quelle question, même dans l'anonymat. Il fallait susciter des lettres détaillées, en assurant les scripteurs que toutes leurs lettres seraient attentivement lues, bien que peu d'entre elles puissent recevoir réponse, vu la brièveté du temps d'antenne. Formuler *par écrit* ses difficultés, c'est déjà un moyen de se venir à soi-même en aide. Telle était ma première idée.

Après lecture du courrier, il faudrait choisir parmi les demandes celles qui posent, à travers un cas particulier, un problème qui peut intéresser un grand nombre de parents tout en se présentant différemment pour chaque enfant. Le mode de vie familiale, le nombre d'enfants, l'âge et le sexe, la place de l'enfant dans la fratrie, sont autant de facteurs importants à connaître, car c'est d'eux que dépendent bien des réactions émotionnelles et la vision qu'a du monde l'enfant au jour le jour, en cours de développement, à la recherche de son identité, à travers des processus d'incitation, de rivalité, d'identifications successives. Il fallait informer les parents qui nous écouteraient des périodes privilégiées que traversent tous les enfants, chacun à sa manière, au cours de sa croissance, et qui leur posent des problèmes à résoudre, au cours desquels l'incompréhension, le désarroi des adultes à leurs échecs, sont plus douloureux pour eux qu'à d'autres périodes, et source de malentendus, de méconnaissance, d'interférences réactionnelles nuisibles à l'issue heureuse de ces étapes d'évolution. On aurait donc à parler à travers des cas particuliers de ces difficultés les plus fréquentes, afin que l'émission rende de réels services à la compréhension de l'enfance par des adultes qui, pour beaucoup d'entre eux, n'ont aucune idée de ces épreuves spécifiques à l'enfance et des modalités réactionnelles qui en accompagnent obligatoirement, selon la nature de chaque enfant, l'issue favorable.

Ce que les parents, les adultes ne savent pas, c'est que dès sa naissance, un petit d'homme est un être de langage et que beaucoup de ses difficultés, lorsqu'on les lui explique, trouvent leur résolution au mieux de son développement. Si petit qu'il soit, un enfant à qui sa mère ou son père parlent des raisons qu'ils connaissent ou qu'ils supposent de sa souffrance, est capable d'en surmonter l'épreuve en gardant confiance en lui et en ses parents. Comprend-il le sens des mots ou comprend-il l'intention secourable dont ce parler est la preuve ? Pour ma part, je parierais qu'il est très tôt ouvert au sens du langage maternel, comme aussi au sens humanisant de la parole adressée avec compassion et vérité à sa personne. Il y trouve un sentiment de sécurité et de pacification cohérente plus que dans les cris, les gronderies, les coups, destinés à le faire taire et qui, parfois, y réussissent. Ceux-là lui donnent plus un statut d'animal domestique soumis et apeuré par son maître, qu'un statut d'humain secouru par ceux qui l'aiment dans sa difficulté existentielle, dont ses cris, ses malaises – sans des paroles rassurantes parce que explicatives – étaient les seuls moyens d'expression à sa disposition. C'était cette communication humanisée qui me semblait le plus souvent oubliée de nos jours vis-à-vis des enfants, témoins constants de la vie du couple parental et privés de langage adressé à leur personne – cela particulièrement dans la vie citadine, avec leur mère ou chez une nourrice gardienne autant qu'à la crèche, alors qu'autrefois, en famille tribale, se trouvait toujours un adulte auxiliaire qui, à défaut des géniteurs, savait parler, chanter, bercer, réconcilier l'enfant avec lui-même, en tolérance à ses manifestations de souffrance. Puis, tout au long de l'éducation, répondre avec sincérité à toutes les questions d'un enfant, susciter son intelligence à l'observation, au raisonnement, au sens critique. C'était ce langage qu'il me paraissait nécessaire de faire découvrir ou redécouvrir aux parents. N'est-ce pas toutes ces vérités de bon sens qui sont à dire à tant de parents qui les oublient ?

Ce travail, ce service social pourrait-on dire, était-ce à un psychanalyste qu'il incombait ? Un psychanalyste est formé à l'écoute silencieuse de ceux qui viennent, en lui parlant, retrouver leur ordre intérieur perturbé par des épreuves passées dont ils cherchent, en les réévoquant, à décoder le sens perturbateur, emprisonnés qu'ils sont par des processus de répétitions qui entravent leur évolution humaine. Était-ce à l'un d'entre eux, que je suis, de parler sur les ondes, de répondre à des questions sur l'éducation ? Cette question, je me la suis posée, et je me la pose toujours. Bien sûr, c'est informée de psychanalyse, informée aussi de tant d'épreuves non résolues au cours de l'éducation de ceux que j'ai rencontrés dans ma profession, jeunes et moins jeunes, que je parle et je ne peux parler autrement. Cependant, si l'évolution de chaque être humain passe par les mêmes étapes de développement, chacun en éprouve différemment les difficultés, toujours associées à celles de ses parents, souvent des mieux intentionnés. Cette connaissance, toujours particulière et individuelle de la souffrance humaine, peut-elle contribuer à aider les autres ? Je ne sais. L'expérience le montrera. N'y a-t-il pas des souffrances évitables parmi celles que traversent parents et enfants au cours de leur vie commune, pris au piège, comme ils le sont, comme nous le sommes tous, de désirs inconscients – marqués, entre parents et enfants nés d'eux, de l'interdit de l'inceste et de la difficile issue créatrice de ces désirs barrés les uns par rapport aux autres en famille ? Mais si je suis psychanalyste, je suis aussi femme, épouse, mère, et j'ai aussi connu les problèmes de ces rôles différents, et je connais les écueils de la bonne volonté. C'est en femme qui, bien que psychanalyste, est en âge d'être grand-mère et plus, que je parle, une femme dont les réponses sont discutables, les idées qui les guident contestables, dans un monde mouvant dont les enfants d'aujourd'hui seront les adolescents et les adultes de demain, dans une civilisation en mutation. J'essaie seulement d'éclairer la question du demandeur. Il ne faudrait pas que les auditeurs, ceux qui m'écrivent comme ceux qui m'écoutent et ceux qui vont ici lire mes réponses, s'imaginent que je suis dépositaire d'un vrai savoir, qu'ils n'auraient pas à mettre en question. Il s'agit d'un moment d'une recherche, la mienne, à la rencontre de problèmes actuels concernant les enfants d'aujourd'hui, en beaucoup de points soumis à des expériences et à un climat psychosocial en transformation et à des situations nouvelles pour tous. Dans les réponses que je fais, mon but est de susciter les parents en difficulté à voir leur problème sous un angle un peu différent du leur, de susciter dans l'esprit des auditeurs non directement concernés la réflexion sur la condition faite à l'enfance qui nous entoure, cette enfance que nous avons tous, adultes qui la côtoyons, à accueillir et à soutenir, pour que ces enfants adviennent en sécurité au sens de leur responsabilité.

L'enfance d'aujourd'hui est-elle la réduplication de la nôtre ? Devons-nous répéter dans nos comportements ceux qui ont réussi à élever les générations passées ? Certes pas. Les conditions de la réalité ont changé et changent tous les jours, c'est avec elles que les enfants d'aujourd'hui ont à faire pour se développer. Ce qui ne change pas, c'est l'avidité de communication des enfants avec les adultes. Elle

Lorsque l'enfant paraît

existe toujours et a toujours existé, car c'est le propre de l'être humain de s'exprimer et de chercher, à travers les barrières de l'âge et de la langue, à communiquer avec les autres et aussi de souffrir de son impuissance à le faire et de l'inadéquation de ses moyens.

Tous ceux qui liront les réponses faites par moi à ces lettres de parents, à celles plus rares de jeunes, seront, je l'espère, portés à réfléchir à leur tour à ces problèmes, à leur sens, aux réponses différentes qui auraient pu y être données. C'est aussi réfléchir à cet extraordinaire moyen d'information, et d'entraide réciproque qu'est la radiophonie, laquelle permet de faire communiquer entre eux des gens qui ne se connaissent pas à propos de problèmes qui autrefois restaient dans le secret des familles.

Certains y retrouveront des souvenirs de leur propre éducation, des difficultés éprouvées par eux-mêmes lorsqu'ils étaient enfants ou par leurs parents avec eux, comme celles qu'ils ont connues ou connaissent avec leurs propres enfants et qu'ils savent résoudre sans aide. Tous, je l'espère, en côtoyant des familles qui ne sont pas les leurs, regarderont autrement les parents et les enfants en désarroi, observeront d'un œil nouveau les réactions de ceux qui jouent dans les squares, de ceux qui peinent en classe, de ceux qui les dérangent dans leur quiétude. Peut-être aussi seront-ils aidés à leur parler, à ces enfants, autrement qu'ils ne font, à ne pas trop vite les juger, à trouver en réfléchissant des réponses aux difficultés quotidiennes qui leur sont confiées, dont on lit ici tant d'exemples. Peut-être sauront-ils mieux que moi trouver les mots secourables à la difficile condition humaine parentale et à la non moins difficile condition humaine enfantine, chez ceux qu'ils côtoient et qui les questionnent.

Ce livre relate les premiers mois de l'émission de France-Inter : *Lorsque l'enfant paraît*.

Je remercie tous ceux de la petite équipe que nous formons : Bernard Grand, le producteur à l'œil toujours vigilant sur son chronomètre ! Jacques Pradel qui dialogue avec moi à l'antenne ; Catherine Dolto qui résume toutes les lettres que je retiens, ce qui nous permet de choisir les thèmes dominants du jour ; les techniciens et les secrétaires dévoués de la pièce 5348, 116, avenue du Président-Kennedy, Paris XVIe.

Il y a toujours une raison
(Lorsque l'enfant paraît)

Françoise Dolto, vous êtes psychanalyste ; cependant, il n'est pas question d'offrir ici une consultation personnelle. C'est bien votre avis ?

Tout à fait. Et, bien que je sois psychanalyste, comme vous dites, j'espère que j'ai aussi du bon sens et que je pourrai aider les parents dans leurs difficultés, de ces difficultés qui précèdent des anomalies plus graves chez leurs enfants, pour lesquelles on va plus tard chez les médecins ; chez les *psy*. Il y a beaucoup de choses, comme ça, que les parents ne prennent d'abord pas au sérieux, les médecins non plus. Les parents savent seulement qu'ils ont un ennui : leur enfant a changé. Ils voudraient savoir comment faire ; et, très souvent, ils pourraient trouver eux-mêmes, s'ils réfléchissaient un peu. Ce que je voudrais, c'est les aider à réfléchir.

En effet, il vaut mieux prévenir que guérir. D'autre part, il n'y a pas que les drames : l'arrivée d'un enfant est aussi une source de joie et de bonheur. Mais encore faut-il les comprendre, ces enfants ! Ce n'est pas toujours le cas.

Les parents les accueillent généralement avec joie. Mais voilà, on attend un bébé, et puis, c'est un garçon ou une fille. On aurait un peu préféré une fille, et c'est un garçon ; on préférait un garçon, et c'est une fille... Ajoutez qu'il n'y a pas que les parents dans une famille. Il y a aussi les grands-parents, et puis il y a surtout les enfants aînés. Un tel événement – la naissance d'un nouveau venu – est un petit drame pour beaucoup d'enfants aînés. Je dois dire même que, s'il n'y a pas de jalousie quand l'enfant a entre, mettons, dix-huit mois et quatre ans, eh bien, c'est un très mauvais signe : l'enfant précédent *doit* montrer de la jalousie, parce que c'est pour lui un problème, la première fois qu'il voit tout le monde admirer quelqu'un de plus jeune que lui : « Il faut donc » faire le bébé « pour être admiré » ? Jusque-là, il croyait que c'était en devenant une grande personne, un grand garçon ou une grande fille, qu'il serait bien vu.

Je crois qu'on doit aider les parents au moment même où arrive leur bébé, car tout devient plus compliqué dans les mois qui suivent.

Vous parliez de bon sens. C'est vrai que, parfois, un peu de bon sens permet de débrouiller une situation qui, au départ, paraît extrêmement confuse, et dramatique. Peut-être que nous pourrions éclairer cela par un exemple concret.

Il faut savoir que l'enfant qui a une réaction insolite, a toujours une raison de l'avoir. On parle des *caprices* de l'enfant : les caprices, ça s'installe parce qu'on les appelle des caprices. En fait, quand un enfant présente tout d'un coup une réaction insolite, qui gêne tout le monde, notre tâche, c'est de *comprendre* ce qui se passe. Un enfant ne veut plus avancer dans la rue : peut-être ne veut-il pas les chaussures qu'il a ; peut-être ne veut-il pas aller de ce côté-là ; peut-être marche-t-on trop vite, et peut-être faudrait-il encore prendre la poussette, alors qu'on le croyait assez grand pour s'en passer : « Il a eu de bonnes vacances ; il est bien solide sur ses pattes... » Mais, pas du tout ! En se retrouvant dans le même lieu, après les vacances, il veut qu'on reprenne la poussette, comme avant. Cela ne durera pas très longtemps. Les caprices, à mon avis, viennent d'une incompréhension de l'enfant : il ne se comprend plus, parce que l'adulte ne le comprend plus. Voilà une question de bon sens ! Et j'en ai vu combien, de ces enfants qui commençaient à faire des caprices. C'est le cas de tout enfant

Lorsque l'enfant paraît

vif et intelligent qui veut expliquer ce qu'il éprouve ou désire, et qui ne sait pas comment : alors, il rouspète, il est négatif, il hurle, et... on se met à hurler autour de lui. Ce n'est pas comme ça qu'il faut procéder. C'est en essayant de le comprendre et en se disant : « Il y a une raison. Je ne comprends pas, mais réfléchissons ! » Et surtout, ne pas en faire un drame tout de suite.

Un autre événement qui concerne toutes les familles qui ont des enfants en âge d'aller à l'école : la rentrée scolaire ; souvent, pour un petit enfant, sortir de sa famille, aller dans un lieu inconnu, rencontrer des gens nouveaux, c'est un événement.

Vous parlez de l'enfant qui y va pour la première fois ou de celui qui a une rentrée des classes ?

Les deux. Prenons d'abord le petit enfant qui y va pour la première fois.

L'été dernier, je travaillais tranquillement dans le jardin et j'entendis une petite fille qui applaudissait à l'arrivée de son parrain : c'était pour elle une fête. Bon ! Ce monsieur descend de voiture et voit la petite : « Oh ! comme tu as grandi ! Oh ! tu vas bientôt à l'école ! » Alors, elle lui dit, ravie et pleine de son importance : « Oui, oui, je vais aller à l'école. Je commence à la rentrée. » C'est-à-dire deux mois après. « Ah ! tu vas voir, tu vas voir, ce n'est pas drôle. Il va falloir rester tranquille, il ne faudra pas courir. Tiens, tu mets en ce moment tes doigts dans ton nez, il ne faudra pas faire ça. Et puis, tes petits camarades, tu sais, il faudra t'en défendre. Ils vont te tirer les nattes. Comment ? Tu vas garder tes nattes ? Mais non, il faut te couper les cheveux ! » Vraiment, le tableau de l'horreur ! La petite était en fête avant l'arrivée de son parrain, encore en fête en l'accueillant... Après, je ne l'ai plus entendue. Voilà une enfant qui, par le discours d'un adulte qui voulait probablement la taquiner, a été complètement effondrée. Ce n'est qu'un exemple, mais combien de fois les adultes n'annoncent-ils pas à l'enfant son entrée à l'école comme la fin de la bonne vie !

Il ne faut plus s'étonner, après, de voir des enfants qui pleurent et qui se font pratiquement traîner sur le trottoir, pour ne pas entrer à l'école.

Il y a aussi des enfants qui attendent ça avec impatience, parce qu'il y aura un cartable, etc. Et puis, ils arrivent à l'école : ils sont pris en troupeau ; ils ne s'y attendaient pas. Ces enfants, quand ils reviennent, quand la maman va les chercher, sont très anxieux, surtout le deuxième jour. Et le troisième jour, ils ne veulent plus aller en classe. Je crois qu'il y a, heureusement, des écoles qui accueillent les enfants autrement... Alors, il y a une progression à suivre : il ne faut pas prendre de front un enfant qui a une certaine phobie d'aller à l'école. Le papa pourrait peut-être un jour prendre sur son travail pour aller le chercher ou pour le conduire, le matin. Il y a beaucoup d'enfants qui, pour aller à l'école, sont obligés de passer d'abord chez une gardienne, ce dont ils n'avaient pas l'habitude avant ; il faut aussi se lever de très bonne heure alors que, pour eux, l'école, c'était aller avec d'autres et jouer : et puis, ce n'est pas du tout ça. La maman ne les avait pas prévenus qu'ils iraient chez la gardienne, et de là à l'école, que la gardienne viendrait les chercher et que la maman ne les reverrait que le soir. Je crois qu'il faut dire aux enfants ce qui va se passer, sans leur faire peur, mais en leur montrant qu'on est avec eux : « Je penserai à toi. » Les enfants en ont besoin. Ou bien : « Tiens, je t'ai apporté une image, ou un ticket de métro. Quand tu t'ennuieras à l'école, tu l'auras dans ta poche. C'est papa qui t'a donné ce ticket de métro. Tu auras déjà plus confiance. » Des choses comme celles-là. Ils ont besoin de la présence des parents. Ce milieu est insolite. Il faut que les parents s'y fassent représenter par quelque chose qu'ils ont donné à l'enfant, pour qu'il ait confiance en lui.

Une chose encore qu'il faut dire, c'est que l'enfant ne peut pas parler de ce qui s'est passé à l'école. Quand un enfant est dans son milieu familial, il ne peut parler que de ce qui se passe en ce lieu même, de ce qu'il pense actuellement. *L'enfant est présent dans le présent.* Or, on lui demande : « Qu'est-ce qui s'est passé à l'école ? » et on le gronde parce qu'il ne peut rien raconter.

Prenons un enfant qui, pour la deuxième ou la troisième fois, retourne à l'école. Donc, ce n'est plus la peur, maintenant ; cet enfant peut en revanche être troublé par l'arrivée d'un nouveau maître ou par un changement de camarades, d'ambiance, de classe, etc.

Il est important de savoir s'il a été heureux l'année précédente à l'école. S'il y a été un peu indifférent, ou s'il y a eu des ennuis, la deuxième année va être, au contraire, heureuse : parce qu'il ne voulait pas retrouver la même maîtresse. J'ai vu beaucoup d'enfants qu'on amenait à l'hôpital en disant : « Il est malade tous les jours pour aller à l'école et, le dimanche, il va très bien. » Je parlais avec l'enfant et, en fait ce qui se passait, c'est qu'il ne voulait pas de cette maîtresse-là : il voulait retrouver l'autre maîtresse, celle de l'année précédente. Malheureusement, la nouvelle maîtresse leur avait dit : « Eh bien, ceux qui ne suivent pas retourneront avec les petits. » Or, en fait, c'est ce qu'il voulait. J'expliquais alors à l'enfant qu'il avait beaucoup de chance : « Tu as beaucoup de chance de ne pas aimer ta maîtresse ; car quand on aime la maîtresse, on ne cherche pas à tout savoir et à aller dans une autre classe, l'année prochaine. »

S'ils n'aiment pas leur maîtresse, la question à poser aux enfants, c'est : « Est-ce qu'elle explique bien ? » Très souvent, ils disent : « J'aime pas la maîtresse, mais oui elle explique très bien. » « Eh bien, c'est le principal. Une maîtresse est là pour expliquer. Pour le reste, c'est maman qui est là. »

L'homme sait tout
depuis qu'il est tout petit
(Lorsqu'un petit frère paraît)

Revenons à l'arrivée d'un petit enfant dans une famille où il y a déjà des petits garçons ou des petites filles de trois ou quatre ans. Est-ce qu'il faut en prévenir ces enfants très longtemps à l'avance, leur expliquer la grossesse de leur mère ?

Il faut expliquer, aux plus grands, qu'un bébé va venir, et qu'on ne sait pas si ce sera un garçon ou une fille ; pour que l'enfant comprenne pourquoi la mère prépare un berceau. Et surtout, que les mères ne soient pas étonnées que tout ce qu'elles font soit contré ; par exemple, si la maman est en train de travailler au berceau, l'enfant donne comme par hasard un coup de pied dans le berceau... Que la maman ne lui dise jamais qu'il est méchant. Son enfant se trouve devant quelque chose d'insolite. On prépare l'arrivée d'un bébé, et être un bébé, pour lui, c'est quelque chose qui est moins bien que d'être grand.

Les mamans disent parfois : « On va l'acheter, ce bébé. » C'est là se moquer d'un être humain qui sait très bien qu'il a été bébé auparavant. Dans l'inconscient, l'être humain sait tout depuis qu'il est petit. L'« intelligence » de l'inconscient est la même que chez nous autres adultes. Donc, chaque fois que nous avons l'occasion de parler aux enfants des choses de la vie, il faut les dire simplement, telles qu'elles sont.

Seulement, ce bébé qui va naître, l'aîné dira : « Pourquoi ? Moi, je n'en veux pas. – Mais ce bébé n'est pas *pour toi.* » Cependant, dans beaucoup de familles, les parents annon-

Lorsque l'enfant paraît

cent : « Un petit frère ou une petite sœur pour toi. » Du coup, l'enfant s'attend, bien sûr, à avoir tout de suite un camarade de son âge, parce qu'il connaît des enfants qui ont des frères et sœurs. Alors, il se dit : « Que ce soit tout de suite. » « Mais tu sais bien que tu es né tout petit bébé. » On lui montre des photos : « Regarde comme tu étais quand tu étais petit. Eh bien, il va naître comme ça. » Et, s'il décide d'avance : « Oh! si c'est un garçon, je n'en veux pas », ou « si c'est une fille, je n'en veux pas », on peut lui répondre : « Mais, tu sais, il n'a pas absolument besoin que tu l'aimes, il a des parents, comme toi tu as des parents. » Il se trouve qu'un enfant auquel on dit qu'il n'a pas besoin d'aimer son petit frère ou sa petite sœur, sera celui-là qui les aimera le plus, tout simplement parce que c'est là quelque chose de naturel. Quand un enfant n'aime pas son petit frère ou sa petite sœur, c'est uniquement pour dire une sottise à sa mère et essayer de la contrer : de la faire bisquer, comme on dit.

Vous parliez des coups de pied dans le berceau tout à l'heure. Ce n'est pas très grave. Mais je crois savoir que, parfois, ça tourne plutôt mal. J'ai entendu parler notamment du cas d'un petit garçon de quatre ou cinq ans, qui avait mordu assez cruellement un bébé. Est-ce chose courante ?

Relativement courante et là, il faudrait que la mère ait énormément de présence d'esprit. Il ne faut surtout pas gronder brutalement l'aîné. Il est déjà assez penaud de ce qu'il a fait. Ce qu'il faut, c'est le prendre à part et lui dire : « Tu vois comme tu es fort. Mais ton petit frère, ou ta petite sœur, est très faible, tout petit, comme tu étais quand tu étais petit. Maintenant, il sait qu'il a un grand frère et il aura confiance en toi. Mais, tu vois, ce n'est pas lui qu'il faut mordre. Ça ne sert à rien. Tu ne peux pas le manger. » Parce que, figurez-vous que les petits enfants, quand ils trouvent quelque chose de bon, ils le goûtent, ils le mangent. Pour eux, le cannibalisme n'est pas si loin. D'autant qu'ils voient très souvent le bébé téter la maman et que, pour eux, un bébé qui tète sa mère est cannibale. Ils ne comprennent rien de ce monde insolite. Ça passe vite quand la maman perçoit que leur réaction n'est pas uniquement méchante, mais surtout réaction d'angoisse.

Mais lorsque les réactions de jalousie – ou même de rejet (un coup de pied dans le berceau, la morsure, etc.) – continuent, est-ce que cela ne prend pas quand même un caractère de gravité ? Qu'est-ce qu'il faut faire ?

Cela devient grave si les parents sont anxieux. Deuxièmement, quand l'enfant souffre beaucoup de se sentir délaissé. Ce n'est pas qu'il le soit, mais peut-être n'est-il pas aidé comme il devrait l'être. Et comment peut-on aider un enfant jaloux et qui souffre ? C'est le père qui peut le faire le mieux. Le père, une sœur de la mère, une tante, une grand-mère... Si c'est un garçon, il faut que ce soit un homme qui l'aide. Par exemple, le dimanche, son père lui dit : « Viens, nous les hommes... » Et on laisse la maman avec son bébé : « Elle ne pense qu'à son bébé. » Il faut que le papa dise des petites choses comme ça : « Toi, tu es grand, tu viens avec moi. » Il promotionne, si je peux dire, l'aîné, pour parer à ses réactions de jalousie : du genre recommencer à faire pipi au lit, ne vouloir manger que des laitages, geindre pour n'importe quoi ou ne plus vouloir marcher. Qu'est-ce que c'est que tout ça ? C'est un problème vis-à-vis de l'identité : un enfant cherche à imiter ceux qu'il admire, et il admire ce que papa et maman admirent. Alors, si on a l'air d'admirer le bébé, on ne s'en sort plus : il faut soutenir l'aîné dans son développement, il faut le faire inviter avec des enfants de son âge, ne pas le garder tout le temps autour du berceau, avec la maman et le bébé.

Prenons maintenant l'hypothèse d'une famille où il y a déjà des enfants un peu plus âgés que ceux dont nous avons parlé jusqu'à présent – cinq, six ou sept ans. Ceux-là n'ont pas de réactions de rejet lorsqu'un petit bébé arrive, mais ils ont parfois des réactions aussi étonnantes.

Un enfant, à partir de cinq-six ans, veut s'approprier le bébé. Il veut s'en occuper mieux que sa mère ou que son père. Là, il faut faire très attention parce que l'enfant peut se détourner de son propre destin, de garçon ou de fille qui doit grandir au milieu de ses camarades, et se mettre à devenir une vraie petite maman, ou un vrai petit papa. C'est très mauvais pour lui et très mauvais aussi pour le petit, pour qui la maman aura désormais deux têtes et deux voix. Autant que possible, il faut que la mère et le père se disent qu'ils sont, pour chaque enfant qui naît, parents d'un enfant unique. Il est, en effet, *unique*, quant à son âge, quant à ses besoins. Pour ce qui est des autres, bien sûr, qu'ils aident, qu'ils contribuent, qu'ils coopèrent. Mais il ne faut pas leur en donner l'obligation. C'est la meilleure manière : ils veulent s'occuper du bébé ? « Bon ! Eh bien, je te le permets aujourd'hui. » Mais que cela ne devienne pas un alibi pour la mère : « Puisqu'il le fait, moi, je ne m'en occupe plus. » C'est très mauvais pour le petit. J'en profite pour vous dire qu'il y a, à mon avis, un danger à donner, comme parrain ou comme marraine, un frère aîné à un petit. Les enfants ne peuvent pas comprendre ce qu'est un lien spirituel. Pour eux, c'est un lien d'autorité. C'est mauvais pour deux raisons : d'abord, parce qu'il vaut nettement mieux choisir des parrains ou marraines adultes, qui peuvent aider vraiment l'enfant dans le cas où la mère ou le père, pour une raison ou pour une autre, sont empêchés de s'en occuper ; ensuite, je crois que c'est beaucoup plus intéressant de donner des parrains et des marraines qui ne sont pas de la famille. Pas non plus des grands-pères et des grand-mères. Je sais qu'il y a des traditions en ce sens. Eh bien, tant pis.

Tu vois, nous t'attendions
(Voici donc arrivé l'enfant)

Voici donc arrivé l'enfant. Les parents se posent une foule de questions : faut-il parler à l'enfant un langage-bébé ? ou faut-il le considérer comme un petit adulte ? faut-il isoler l'enfant ? L'enfant doit-il être gardé dans une sorte de cocon, sans bruit, sans musique, etc. ? faut-il ranger l'enfant quand les amis arrivent ?

Vous dites : « Ranger l'enfant... », comme si c'était un objet !

Je ne dois pas être très loin de la vérité, en disant que certains parents considèrent leur bébé comme une sorte de petit objet.

Vous savez, autrefois, tout le monde vivait dans la salle commune, la seule qui était chauffée, et le berceau était là. Ces enfants devenaient beaucoup plus sociaux que les enfants d'aujourd'hui, qui sont trop protégés du bruit de la vie de famille. Il ne faut pas oublier que, *in utero*, l'enfant est mêlé à la vie de sa mère ; il entend aussi la voix de son père. Il entend, *in utero*. L'audition y est parfaite. Surtout vers la fin, il entend tout. Et tout d'un coup, à la naissance, ce sont les grands bruits qui arrivent. Il a besoin très vite d'entendre la voix modulée de sa mère, qu'il reconnaît, ainsi que la voix de son père. Je crois que le premier colloque du bébé, dans les bras de sa mère, est très important : « Tu vois, nous t'attendions. Tu es un petit garçon. Tu nous as peut-être entendu dire qu'on attendait une petite fille. Mais nous sommes très contents que tu sois un petit garçon. »

Quel peut être l'effet de ces paroles sur un petit bébé qui n'a que quelques heures ou quelques jours ? Est-ce vraiment très important ?

C'est très important. Je peux vous dire qu'il y a des enfants qui se souviennent des toutes premières choses qui ont été dites autour d'eux. Ça vous étonne, n'est-ce pas ? C'est comme une bande magnétique enregistrée. Alors, je dis ceci non pas pour qu'on leur fasse de longs discours, mais pour qu'on sache qu'on peut s'adresser à l'enfant dès sa naissance, et qu'il en a besoin. C'est comme ça que nous l'introduisons dans notre monde à nous, en tant que futur homme ou future femme, et non pas en tant que petite chose, bébé, nounours. C'est un être humain ; bien sûr qu'il faut lui donner des cajoleries aussi ; mais il faut surtout respecter en lui le futur homme ou la future femme.

Dès les premiers mois, il faut donc faire participer un peu l'enfant à la vie de famille, aux événements de la journée...

Surtout à ceux qui le concernent. Quand il y a beaucoup de bruit, par exemple : « Tu vois, ça c'est ton frère qui est en train de renverser une chaise. » Ou bien, il pleure ; eh bien, il ne s'agit pas toujours de le prendre dans ses bras, mais de lui parler : « Eh bien, ça ne va pas ? comme tu es malheureux ! » Avoir des phrases et des tons de voix qui accompagnent la souffrance de l'enfant ; celle-ci devient alors humaine (pour lui aussi) parce qu'elle est parlée. Tout ce qui est parlé devient humain. Tout ce qui n'est pas parlé, pour l'enfant, reste à l'état d'insolite et n'est pas intégré à la relation qu'il a avec sa mère.

Je crois que ceux qui ont un premier enfant se sont toujours posé la question de savoir s'il fallait le laisser pleurer ou le prendre dans les bras. On a souvent peur de lui donner de mauvaises habitudes. Mais, d'abord, faut-il donner des « habitudes » à un enfant ?

Qu'est-ce que vous appelez des habitudes ? Si du côté des parents, cela signifie changer tout à fait la façon de vivre parce qu'un enfant est né, ce n'est pas possible. Bien sûr que l'enfant a besoin d'avoir ses tétées régulières. Il a besoin qu'on s'occupe de lui, qu'on le change. Bien sûr, la maman n'a plus la même liberté qu'elle avait auparavant, et puis le papa n'a plus sa petite femme uniquement pour lui. C'est vrai, il y a un changement dans leur sentiment de liberté ; mais c'est tellement agréable aussi de se pencher sur un berceau et de parler à l'enfant ! Je crois qu'il doit rester mêlé à la vie familiale comme il l'était dans le ventre de sa mère. Est-ce qu'on doit le laisser crier ? Pas trop longtemps. On peut très bien le bercer, lui *redonner le rythme*. Pourquoi le bercement le calme-t-il ? Parce que c'est le rythme du corps de la mère quand elle déambulait partout, le portant dans son ventre. Et puis, surtout, en le berçant, lui parler : « Voilà. Maman est là. Papa est là. Mais oui, mais oui, nous sommes là. » Des choses comme ça. Alors, les modulations des voix des parents, quand il aura envie de pleurer, il les réentendra dans sa mémoire, et sera rassuré.

Par habitudes, je veux dire des règles de vie : par exemple, le matin, il va aller se promener, on va lui donner à manger et puis on va le coucher. Et les parents décident que cette sieste va durer une heure et demie, deux heures ou deux heures et demie. Si l'on s'aperçoit, par exemple, qu'un enfant, au bout d'une demi-heure, pleure dans sa chambre, doit-on l'obliger à prendre ce repos dont il ne veut pas ?

Chacun a à prendre son propre rythme. Mais, pourquoi « dans sa chambre » ? Un enfant s'endort là où nous sommes tous.
Quand il a sommeil, il s'endort n'importe où, et c'est beaucoup mieux. Il dormira mieux s'il entend parler autour de lui. Le bébé a besoin de dormir beaucoup, mais il n'est pas nécessaire de le mettre à l'écart pour cela, comme dans

Lorsque l'enfant paraît

un désert. Quand il dormait dans le ventre de sa mère, le bruit ne le gênait pas ; puis, il se réveillait, car, dans le ventre de mère, le bébé dort et se réveille, déjà.

L'enfant doit être intégré à la famille, vivre le plus possible dans la salle commune. Tout de même, pour des raisons de repos, n'a-t-il pas besoin d'être isolé à certains moments, avoir un monde à son échelle ?

J'ai vu des familles où il y a une « chambre d'enfant » qui est gardée jusqu'à ce que l'enfant ait quatorze ans, tout simplement parce qu'on a fait les frais d'une chambre d'enfant. Moi, je crois qu'un bébé n'a pas besoin d'autre chose que de son berceau et d'une sorte de caisse pour que cela ne fasse pas de désordre partout : une fois que l'enfant est couché, tous les joujoux retournent dans la caisse. Quand il commence à marcher à quatre pattes, qu'il y ait un petit tapis à côté de cette caisse pour qu'il puisse y aller sans mal ; en fait, il est intégré à la vie des parents, mais il a aussi son coin à lui.

Il est souhaitable que l'enfant dorme dans un coin séparé. Il y a des familles qui n'ont qu'une seule pièce pour logement ; dans ce cas, on peut installer un rideau, pour que les parents continuent d'avoir leur vie à eux et l'enfant son petit coin à lui. Là où la famille loge en deux pièces, il vaut bien mieux que l'enfant couche séparément, pour que les parents soient tranquilles ; des meubles très simples, bricolés par le père, sont presque meilleurs que des meubles neufs, bien laqués, que l'enfant, jusqu'à quatre ou cinq ans, abîme. Car, il faut savoir qu'un enfant *doit abîmer*, il le *doit*. Et cela, parce que le jeu de l'enfant n'est pas le respect des choses. Si on lui enseigne trop tôt à respecter ce qui a été acheté cher, les meubles, le papier du mur, cela va l'empêcher d'être « vivant » : un enfant est bien portant s'il est gai et si les parents ne sont pas constamment en alerte : « Qu'est-ce qu'il va faire encore ? »

Le soir, si les parents veulent se coucher, ce n'est pas une raison pour coucher l'enfant. Il va dans sa chambre : « Tu nous laisses maintenant – (c'est le père qui doit le dire), tu laisses ta maman tranquille. Nous avons besoin d'être ensemble. » L'enfant, très vite, s'y fera, surtout si on lui parle gentiment. Il y a aussi les amis de la famille : les enfants veulent les connaître. Pourquoi pas ? On l'habille dans sa petite robe de chambre et il vient les voir. Il s'endort sur place ? A ce moment-là, on le ramène dans sa chambre. Il faut avoir du bon sens, savoir que, respecter un enfant, c'est l'intégrer à la vie des parents et lui apprendre à les respecter à son tour ; d'autre part, il faut aussi qu'il sente que sa tranquillité à lui est respectée et qu'on ne va pas contre son propre rythme.

Vous avez dit qu'une maman ne devrait jamais s'éloigner de son bébé. Or, malheureusement, ceci reste un idéal, bien différent de la vie de tous les jours. Il y a beaucoup de mères qui sont obligées, professionnellement ou pour d'autres raisons, de faire garder leur enfant, même tout petit. Est-ce qu'il faut vraiment essayer d'éviter au maximum cette situation, ou, sinon, comment faut-il faire ?

Supposons que les parents ont choisi la solution soit de la crèche, soit d'une personne à la maison, soit d'une personne en ville qui garde l'enfant. Le mieux, ce serait certainement à la maison, pour commencer. La solution de la crèche n'est pas mal, si le règlement est assez souple pour que la maman puisse reprendre l'enfant quand elle a un jour de congé. Mais, toujours la même chose, il faut parler à l'enfant : « Je t'amène à la crèche et puis, je viendrai te rechercher. A la crèche, tu vas voir tous tes amis, les dames, les tatas » – (je ne sais pas comment on les appelle, selon les crèches). Que la maman parle et prévienne. Quand elle retrouve son enfant, qu'elle ne se jette pas sur lui pour l'embrasser. Si la mère se met à cajoler tout de suite son enfant, il la craindra. Il faut qu'elle lui parle, qu'elle le porte, qu'elle le remette dans son odeur, car l'enfant reconnaît sa mère à sa voix et à son odeur. C'est surtout quand il

Lorsque l'enfant paraît

retourne à la maison, qu'il retrouve vraiment sa maman ; ce n'est pas en route, ce n'est pas dans la rue ou à la crèche. Ça peut paraître étonnant pour la maman, car elle retrouve tout de suite son enfant. Mais l'enfant ne la reconnaît vraiment que dans le cadre où il y a l'espace et les voix connus, papa, maman, lui et son berceau. Bien sûr, je vous parle du tout-petit, jusqu'à quatre, cinq ou six mois. Au bout d'un certain temps, il connaît ses rythmes, et il est très heureux de rentrer à la maison. Cependant, il faut toujours continuer à ne pas l'embrasser si l'enfant ne fait pas le premier pas. Il vaut beaucoup mieux que la maman apporte un bonbon, plutôt que d'embrasser l'enfant.

Vous disiez que la présence de la mère est très importante pour le développement de l'enfant. Alors, est-ce que cela devrait, dans l'idéal, s'étaler sur un, deux ou trois ans ?

L'idéal ? Cela devrait « s'étaler », comme vous dites, jusqu'à l'âge de la marche confirmée ; suivant les enfants, la marche confirmée, le début de l'acrobatie, se situe vers dix-huit mois, puisqu'un enfant commence à marcher entre douze et quatorze mois. L'idéal, ce serait – pour que les mères aient des moments de repos –, qu'elles s'arrangent à deux ou à trois qui ont des enfants à peu près du même âge, qu'elles se groupent et que l'enfant aille avec une des mères un après-midi, à tour de rôle... Puis, tous les trois jours, c'est la même femme qui les garde. Au bout d'un certain temps, ils prendront le rythme. Et les enfants s'élèvent bien mieux avec d'autres enfants de leur âge que tout seuls.

Jusqu'ici, on a beaucoup parlé de couples qui attendent l'arrivée d'un enfant. Il faut néanmoins tirer un petit coup de chapeau aux grand-mères... Il y a des grand-mères, figurez-vous, qui nous écrivent.

C'est très important, la grand-mère. Il est important que, très tôt, l'enfant sache son nom ; qu'on n'appelle pas « mamie » n'importe quelle vieille dame ; qu'on distingue par leurs noms de famille, la grand-mère paternelle de la grand-mère maternelle : « Tu sais, mamie qui vient aujourd'hui, c'est la maman de ton papa, ou c'est la maman de ta maman. » Il y a souvent des tensions entre la maman de l'enfant et sa mère ou sa belle-mère. L'enfant s'en rend compte très vite. Il ne faut pas cacher ces choses-là ; qu'on les prenne plutôt avec humour. Et surtout que la mère et la grand-mère ne se disputent jamais, devant l'enfant, tout simplement parce que l'une veut le contraire de l'autre. Et, aussi, que les grand-mères ne fassent pas semblant que l'enfant est à elles : « Ah ! c'est mon fils ! Ah ! c'est ma fille ! » Il faut qu'elles disent à l'enfant : « Tu es mon petit-fils, tu es ma petite-fille. Ton papa, il est mon enfant ; ou ta maman, elle est ma fille. » Des choses comme ça. Le sens génétique, le sens de la lignée, des ancêtres, naît très vite chez l'enfant quand on le lui donne très tôt en paroles. Il comprend très vite à qui il a affaire, si on lui parle. Quelquefois, il en abuse, mais cela ne fait rien.

D'autre part, que les grand-mères n'aient pas peur : « Ah ! je ne sais pas si ma fille (ou ma belle-fille) sera contente qu'il fasse ceci ou cela. » Non ! Qu'elles fassent avec l'enfant comme elles ont envie de faire et qu'on s'explique après. L'enfant comprend très vite. Et puis, une grand-mère peut montrer des photos, peut parler du passé de papa, du passé de maman, ce qui intéresse beaucoup l'enfant, dès l'âge de trois-quatre ans. C'est pour lui une révélation d'apprendre que son père et sa mère ont été, eux aussi, des enfants. Il n'y a que la grand-mère qui puisse le lui dire.

A propos de grand-mères, voici une mère qui nous raconte que sa fille de cinq ans va à l'école pour la première fois cette année ; tout s'est bien passé : elle avait fait, d'ailleurs, un effort particulier pour la conduire elle-même le matin, demandé au papa d'aller la rechercher à midi, pour que l'enfant se sente vraiment en confiance. Tout s'est bien passé pendant les quinze premiers jours ; mais, subitement, à la suite d'une visite chez la belle-mère, l'enfant s'est mise à pleurer et à refuser d'aller à l'école. Pour-

Lorsque l'enfant paraît

quoi ? La mère essaie d'analyser : « Ma belle-mère a dit ceci à ma fille : "Tâche de bien travailler à l'école parce que mémé n'aime pas les enfants qui travaillent mal." » Si le refus brutal de l'école vient bien de cette scène, la mère se demande ce qu'il faut faire pour en redonner le goût à cette enfant...

Il est difficile de répondre à cette question ; la grand-mère a parlé de travail. Or, il s'agit justement de l'école maternelle ; l'enfant a tout à fait conscience qu'il n'y travaille pas : on y est pour jouer et chanter ensemble. Cette enfant doit se dire : « Mais elle ne comprend pas ce que c'est que l'école maternelle. » C'est peut-être de cela qu'il faut parler avec l'enfant, lui expliquer que mémé ne le savait pas parce que, quand elle était petite, elle, il n'y avait pas de classes maternelles, comme aujourd'hui ; ou bien que, pour elle, travailler voulait dire faire des choses avec ses mains, danser, chanter. Et lui promettre aussi que maman ou papa vont expliquer à mémé ce que c'est que l'école maternelle...

Lorsque le père s'en va

Lorsqu'un enfant arrive, on a tendance à considérer que des relations privilégiées s'établissent d'abord avec la mère, que l'enfant s'identifie plus à la mère qu'au père. Souvent, dès que le père s'en va pour quelques jours ou quelques semaines, lorsqu'il revient, l'enfant ne l'accepte pas ou, plutôt, le boude.

Et le père en a alors du dépit... Oui. Il faut d'abord comprendre que le temps n'est pas le même pour un enfant que pour un adulte. Deux jours, trois jours, pour un enfant, ce sont deux semaines, trois semaines... C'est très long, deux jours. D'abord, quand le père s'en va, il faut qu'il prévienne l'enfant et, surtout, qu'il lui dise : « Je penserai à toi. » Il faut aussi que la mère parle du père qui est parti, pour que le père continue d'exister dans la parole de la mère. Et il ne faut pas que les pères s'étonnent, à leur retour, si l'enfant leur fait grise mine ou paraît indifférent. Qu'ils ne manifestent aucun dépit, qu'ils se comportent naturellement : « Bonjour ! Bonjour, ma fille ! Bonjour, ma femme ! » Au bout de très peu de temps, l'enfant reviendra, tournera autour du papa.

Il ne faut pas non plus se jeter sur l'enfant pour l'embrasser. Les parents ne le savent pas, mais avant trois ans, l'enfant ne ressent pas ces embrassades comme quelque chose de bon, en ce sens qu'il ne sait pas jusqu'où on va aller. (D'autant plus qu'il aime très fort, et qu'aimer lorsqu'on est petit se manifeste par mettre ce qu'on aime en bouche. La dévoration, signe d'amour, est bien près du cannibalisme auquel un tabou fait place avec le sevrage.) Les parents croient qu'en l'embrassant, ils prouvent leur amour et que l'enfant, en les embrassant, leur prouve le sien. Ce n'est pas vrai ou plutôt c'est un rituel qu'on lui impose, qu'il subit, qui ne prouve rien. L'enfant prouve son amour en amenant ses jouets à son père, en grimpant sur ses genoux, en lui donnant sa poupée. Alors, à ce moment-là, que le papa ou la maman qui a été absent, lui parle et de sa personne : « Je suis content de te retrouver », et de cet objet qu'il vient d'apporter : « Ah! mais il est joli! C'est joli ce que tu m'apportes là. » Tout sera arrangé, parce que l'objet qui l'intéresse, intéresse également le papa.

A propos des séparations temporaires, nous avons beaucoup de lettres de parents qui voyagent par nécessité : des routiers, des représentants, des journalistes de radio et de télévision; tous se demandent si ce n'est pas un grand drame dans la vie d'un enfant, d'être constamment séparé de son père. Certains envisagent même de changer de métier. Comment l'enfant vit-il cette séparation ?

Tout dépend de la manière dont on lui parle. Si le père lui explique ce qu'il fait quand il n'est pas là, s'il raconte à son enfant (même si l'enfant n'a pas l'air de le comprendre) qu'il conduit un camion, qu'il fait de la télévision, ou qu'il est représentant... ou toute autre activité professionnelle, d'une façon vivante, avec des mots simples, cela restera dans les oreilles de l'enfant. Et puis, c'est à la mère aussi, quand le père n'est pas là, de rappeler aux enfants leur père qui travaille, qui pense à eux, qui va bientôt revenir. Lorsqu'ils sont assez grands, on peut leur montrer le calendrier : « Tu vois, ce jour-là, il va revenir. Qu'est-ce que tu vas faire pour ton papa ? Tu vas faire un beau dessin ? Il en sera content. » On *doit* parler du père quand il n'est pas là; au bout de la troisième ou quatrième absence, l'enfant conscient – un enfant est « conscient » à partir de douze, quatorze ou dix-huit mois – saura très bien que, lorsque le père s'en va, il reviendra et que, pendant son absence, tout le monde pense à lui, puisqu'on parle de lui.

Autre chose importante : il ne faut pas faire croire à l'enfant, surtout quand il devient un peu brouillon, difficile, opposant à la mère, coléreux – ce qui arrive entre dix-huit et vingt-deux mois –, que le père, à son retour, fera le gendarme. Que la mère ne dise surtout pas : « Je le dirai à ton père. » Ce serait très, très maladroit, parce que, ainsi, l'enfant accumule des tas de petits sentiments de culpabilité qu'il associe à la pensée du retour du père. Et ce sentiment de malaise ternit la joie du retour. Il ne s'agit pas non plus d'exclure le père, sous prétexte qu'il est absent. Des enfants plus grands demandent parfois à leur mère de ne pas dire à leur père telle action dont ils sont peu fiers. S'il s'agit de bêtises peu importantes ou de difficultés caractérielles qui visaient un autre enfant ou la mère, elle sera bien avisée de répondre : « Bien sûr que non, tu sais que tu as eu tort, tu ne l'aurais sans doute pas fait si ton père avait été là, je ne vais pas l'ennuyer avec ces choses d'enfant. » Si au contraire il s'agit d'un événement sérieux, pour lequel la mère a besoin d'en référer au père, elle ne doit pas mentir à l'enfant mais pas non plus le menacer de parler au père comme s'il s'agissait d'en appeler à la force punitive. Aider l'enfant à considérer son père et comme un auxiliaire de bon conseil pour elle, et comme responsable avec elle des moyens à prendre pour aider l'enfant à dépasser ses difficultés. Bref, l'important, quand le père est absent, et pour tous les enfants, quel que soit leur âge, est d'entretenir la pensée de sa présence et la confiance en lui.

Qu'est-ce qui est juste ?
(Énervements et caprices)

Une mère nous dit que, depuis la naissance de son premier bébé, elle est persuadée de la nécessité d'écouter, de comprendre, de dialoguer. Cependant elle écrit ceci : « La vie n'est pas simple. Il y a la fatigue, l'énervement ou des situations où j'ai tendance à perdre mon self-control devant mon enfant. » Voici sa question : « Pensez-vous que ces moments de non-contrôle, qui arrivent à toute mère, soient mauvais pour l'enfant ? »

Il s'agit là surtout du caractère de la mère ; elle ne va pas changer de caractère sous prétexte que l'enfant est là. Si un enfant énerve quelquefois sa mère, il faut lui dire : « Tu vois, je suis énervée aujourd'hui. » L'enfant comprendra ; très vite, il a l'intuition de ce qui se passe. Après un moment de colère, il faut lui dire : « Tu vois, j'étais énervée. » Ce qu'il ne faut surtout pas faire, après un tel moment, c'est l'embrasser pour effacer le mauvais moment ; il faut lui parler, d'une voix plus douce, et rire avec lui. En tout cas, ne pas lui faire, à lui seul, grief d'un énervement venu d'elle. L'embrasser ne servirait à rien ; l'enfant ne comprendra pas une brusquerie suivie d'une embrassade. Parler est toujours préférable aux empoignes, que ce soit de colère ou de tendresse ; lesquelles sont plus animales qu'humaines.

L'autre question de la même mère : « Croyez-vous qu'une mère qui vient de faire une erreur, et qui accepte de montrer à l'enfant qu'elle a fait une erreur, sorte grandie aux yeux de l'enfant ? » Elle s'interroge donc sur le jugement que portera l'enfant sur elle-même.

A priori, pour l'enfant, ce que fait sa mère, c'est toujours bien. Cependant, la mère ne doit pas s'étonner si, à l'âge de deux-trois ans, son enfant a, lui aussi, quelquefois, une petite saute d'humeur et des mots désagréables. Elle rira et lui dira : « Eh bien, tu t'énerves, comme moi, de temps en temps ! »

Selon vous, ce n'est donc pas une erreur de la part d'un adulte de reconnaître son énervement passager devant l'enfant ?

Pas du tout. Il ne doit pas lui dire : « J'ai eu tort », mais : « J'étais énervé » ; la mère peut ajouter « excuse-moi », l'enfant ne demande que ça, toujours, d'excuser ses parents.

Là-dessus, j'ai apporté un témoignage à la fois humoristique et profond. C'est une dame qui vous écrit : « J'ai un fils qui a maintenant treize ans ; lorsqu'il avait cinq ou six ans, comme je le disputais, je le corrigeais pour une bêtise, il s'est mis à rire aux éclats. Moi, bien sûr, j'étais au paroxysme de la colère. Je l'aurais volontiers étripé. Puis, je me suis calmée, au bout d'un moment. On s'est assis sur le lit. Je lui ai demandé pourquoi il s'était mis à rire aux éclats. Il m'a dit : "Maman, si tu pouvais te voir toi-même quand tu es en colère, tu serais la première à rire." (...) De fait, je crois qu'on ne doit pas être très jojo lors de ces exhibitions. Aussi, à présent, maintenant qu'il a treize ans, lorsque je veux lui administrer une correction, je lui dis : "Viens avec moi, il est temps d'aller devant une glace." Et la colère s'amenuise. Nous rions tous les deux... »

Ils sont arrivés à mettre de l'humour dans leur tension. C'est très bien.
En somme, il y a là un enfant qui a aidé sa mère à surmonter ses colères.

Une autre lettre prend un petit peu le contre-pied de ce que vous aviez expliqué : « Comment agir envers un cadet jaloux de son aîné ? (...) J'ai trois enfants, deux filles de

Lorsque l'enfant paraît

douze et neuf ans et un garçon de trois ans. Or, la fille qui a neuf ans est toujours jalouse de ce que fait, de ce que dit ou de ce que reçoit son aînée. Et je vous assure que je fais l'impossible pour être toujours équitable. Pourtant, cette enfant n'est jamais contente : comme elle est hypersensible, la moindre contrariété tourne au drame, avec cris, larmes, colère. Elle prétend alors qu'on ne l'aime pas assez, qu'elle va s'en aller et, comme elle est très indépendante, obéir représente pour elle une grosse difficulté. Comment faire ? »

Il est certain que cette petite-là est dans une situation difficile : elle est la seconde, et du même sexe que l'aînée. Son désir, à elle, est donc de vouloir toujours égaler l'aînée. Quand le petit frère est né – le premier garçon –, il a été pour les parents comme un vrai nouvel enfant, car un deuxième du même sexe, ce n'est, en quelque sorte, qu'une répétition du connu. Je crois que c'est surtout depuis la naissance du petit frère que la jalousie est devenue douloureuse pour cette fille. La mère se trompe en essayant de tout faire pour qu'il y ait équité : *il n'y a pas de « justice » pour l'enfant. Tout est injuste, à ses yeux, quand il n'a pas tout.* La mère ferait beaucoup mieux de dire : « C'est vrai, tu as raison, je suis injuste, je suis très injuste. Peut-être es-tu malheureuse d'être dans cette famille. » Que la mère parle à cette enfant toute seule, pas devant son aînée, ni devant son petit frère. Peut-être que le père et la mère ensemble, d'ailleurs, pourraient lui parler et lui dire : « Si vraiment tu es trop malheureuse... eh bien ! nous allons voir avec ton père si nous pouvons faire le sacrifice de te mettre en pension. Ce sera un gros sacrifice d'argent pour nous, mais si vraiment tu y étais plus heureuse... eh bien, nous allons y penser... » Qu'elle ne cherche pas à être juste, car le monde lui-même n'est pas juste. On peut d'ailleurs donner à l'enfant un autre exemple : « Tu sais, il y a des pays où il y a toujours du soleil ; il y en a d'autres où il pleut tout le temps. Toi, peut-être, tu voudrais être ailleurs. Tu n'es pas contente. » Et puis, surtout, souligner tout ce qui est différent, entre elle et sa sœur. C'est surtout en soulignant les différences entre les enfants, qu'on les aide à s'identifier à eux-mêmes et non pas à un autre. Mettre aussi en évidence toutes ses qualités. Quand, par exemple, on doit acheter une robe ou un ruban, une petite chose, que la mère parle tout bas à chacune, afin que sa sœur n'entende pas, lui demande à l'oreille quelle couleur elle voudrait... qu'elle encourage chacune à réfléchir à son propre goût, à lui dire son choix. Sinon l'enfant (la seconde) croit que ce que prend l'aînée, c'est bien ou que c'est ce qu'il y a de mieux. C'est une enfant trop dépendante et qui en souffre beaucoup ; elle joue seulement l'indépendante, mais ce n'est pas vrai. La dépendance, comme la jalousie, provient du sentiment (imaginaire) d'une moindre valeur. C'est le rôle de la mère de donner valeur personnelle à chacun de ses enfants. Il est douloureux d'envier un autre, inimitable toujours.

C'est là une situation courante chez les enfants ?

Oui, mais ici surtout parce que l'enfant sent que cela fait de la peine à sa maman. Celle-ci nomme la jalousie un défaut, ce n'en est pas un. C'est une souffrance qui demande compassion et amour de la part de la mère. C'est une étape normale inévitable du développement, entre enfants d'âge rapproché.

Est-ce grave ?

Je ne sais pas si c'est grave ou pas. Je ne le pense pas ; cela doit venir de ce que la mère souffre de la souffrance de sa fille alors que, si elle l'aidait en mettant des mots sur sa souffrance, l'enfant se sentirait déjà comprise. Mais, je le répète, il ne faut pas parler à cette enfant devant son frère ou devant sa sœur...
Je ne suis pas sûre que ce ne soit pas le résultat d'une certaine jalousie de l'aînée sur la petite.
Mon conseil, c'est de ne pas essayer « d'être juste », mais tout simplement d'aider la seconde en lui parlant franchement. Sans cela, l'enfant ne saura plus de quoi se plaindre.

Une dame nous dit : « J'ai une petite fille de cinq ans dont les réactions me laissent parfois perplexe. Quelle attitude prendre devant cette petite fille qui me tape, ou fait semblant de me taper, lorsque je lui donne un ordre ou que je lui refuse quelque chose ? Cela n'arrive, évidemment, que si elle est de mauvaise humeur. » Et elle ajoute qu'elle a « tout essayé » : l'indifférence, l'ironie, la fureur...

Croyez-vous qu'il s'agisse d'une grand-mère ou d'une mère ?

C'est justement la question que je me posais...

Alors, supposons que c'est la mère... Ça se passe quand elles sont seules ou quand il y a d'autres personnes ?

Elle ne le dit pas.

Avançons quand même : « J'ai tout essayé : l'indifférence, la fureur... » Et quoi d'autre ?

L'ironie.

L'ironie... Je crois que, finalement, elles sont entrées dans une sorte de jeu : Qui va être celle qui commandera à l'autre ? Ce doit être une petite fille intelligente, car ce n'est pas du tout la même chose de faire semblant et de taper vraiment. Faire semblant, c'est dire : « Attention ! attention ! c'est moi qui commande ! ce n'est pas toi. » Quand elle tape pour de vrai, c'est peut-être parce qu'elle est énervée. Je crois que, quand l'enfant tape pour de vrai, la mère doit lui dire : « Écoute, je te dis des choses qui ne te plaisent pas, mais je fais ce que je peux. Si tu n'es pas contente, tu n'as qu'à pas venir me voir. Tu n'as qu'à rester dans ta chambre, dans ton coin. Mais si tu viens près de moi, moi je te dis ce que je pense. » Je crois qu'il faut parler avec cette enfant, et non pas jouer à être vexée, fâchée, ou n'importe quoi. Il faut aussi rire avec elle : « Tiens, ta main veut me taper ? Toi, qu'est-ce que tu en dis ?... » Parce que l'enfant peut avoir des réactions de main ou de pied, qui lui échappent complètement. Ça paraît curieux, mais il faut lui dire : « Tiens, cette main, pourquoi est-ce qu'elle veut me taper ? Parce que, moi, j'ai dit quelque chose qui ne te plaît pas ? Mais toi, tu me dis aussi quelquefois des choses qui ne me plaisent pas. Est-ce que je tape, moi ? » Ou, si elle a un nounours : « Eh bien ! tiens, la tape que tu m'as donnée, je la rends à ton nounours. Et le nounours, qu'est-ce qu'il en dit ?... » Il faut arriver à mettre cela dans un jeu ; j'ai l'impression qu'en fait, cette petite fille veut surtout que sa grand-mère (ou sa mère) s'occupe d'elle, et uniquement d'elle. Malheureusement, on ne nous dit pas si ça se passe en public ou si c'est un jeu d'intimité.

J'ai l'impression que cela se passe aussi bien en public, puisque la maman (ou la grand-mère) écrit : « J'ai tout essayé, un petit peu en fonction de l'entourage. » Alors, ou bien elle a pris des conseils autour d'elle, ou bien cela s'est déroulé devant des témoins. Cela pose un autre problème : notre correspondante ne me dit pas non plus si elle a l'habitude de taper souvent sur cette enfant. Ou si, quand l'enfant était petite, elle avait une gardienne qui la tapait.

Les enfants prennent les habitudes des grandes personnes, surtout quand ils sont petits. Celle-ci trouve très malin de prendre (emprunter) le langage des grands. On est là toujours très étonné. Souvent, on entend des parents qui parlent d'une voix brusque aux enfants, quand ils sont petits : « Tais-toi ! Touche pas à ça !... », etc. Et puis, ils sont tout surpris, lorsque l'enfant commence à se sentir lui-même une petite personne, qu'il fasse pareil...

Et la fessée ?

Ça dépend.

Lorsque l'enfant paraît

Pensez-vous, d'une manière générale, que l'attitude qui veut qu'on retourne une paire de claques...?

Les mères, quand elles étaient petites, ont reçu parfois des fessées qu'elles ont trouvées très bien... Pourquoi en priver les enfants, alors ? Elles font ce qu'on a fait pour elles. Il y a des enfants qui y sont très sensibles : si on ne leur donne pas une fessée de temps en temps, ils croient qu'ils ne sont pas aimés. Cela dépend du style de la maman. On ne peut absolument pas dire que cela soit bon ou mauvais. C'est tout un ensemble, la fessée.

Mais cela ne vous choque pas ?

Non. Je crois que, si on le peut, il faut éviter tout ce qui est humiliation pour l'enfant. Il ne faut jamais l'humilier. Cela est destructeur, que ce soit moquerie ou fâcherie. A part le fait qu'elle calme l'adulte et parfois l'enfant sur le moment, la fessée a chance d'être nuisible à long terme (et le long terme, c'est bien le but de l'éducation). En tout cas, si le père ou la mère veulent sévir avec leur enfant de la sorte, que cela ne se fasse jamais en public. On le prend à part, dans sa chambre, et on le gronde. Si la maman a de l'énervement au bout des mains..., que voulez-vous ? On ne peut pas l'empêcher. Cela ne veut pas dire que ce soit une mauvaise mère. Il y a des mères qui ne touchent jamais à leur enfant et qui sont, en paroles et en comportement, beaucoup plus agressives, voire sadiques, qu'en donnant une fessée.

Il faut savoir que c'est un signe de faiblesse de la part des parents, de faiblesse de leur *self-control* comme on nous l'écrit très justement ici. C'est donc un mauvais exemple que donne l'adulte. Un adulte qui parle avec brusquerie et agressivité, qui agit avec violence et s'abandonne à des explosions caractérielles vis-à-vis de son enfant, ne doit pas s'étonner, quelques mois ou années après, de voir cet enfant parler et agir de même avec de plus faibles que lui. Je le répète, pour tout enfant jeune, ce que l'adulte fait est vu comme « bien », aveuglément si j'ose dire : et l'enfant l'imitera tôt ou tard, tant à l'égard de l'adulte même qu'à l'égard des autres enfants.

En tout cas, pour reparler de la fessée, quand l'adulte, par manque de *self-control*, ne peut s'en empêcher, que cela ne soit jamais en se donnant l'excuse facile qu'il agit ainsi en éducateur : parce que c'est faux. Et au moins, que cela ne soit jamais à retardement : ce soir ou samedi, je te donnerai « ta » fessée. Il s'agit alors d'une attitude perverse, jouissive pour l'adulte, donc pervertissante pour l'enfant, humiliante pour les deux, et antiéducative ; l'enfant, s'il craint l'adulte, perd son estime pour celui-ci rapidement et le juge comme ce qu'il est : un être faible, incapable de se maîtriser ou pire : sadique à froid.

A propos de propreté

J'ai devant moi, cette fois-ci, un témoignage. Je résume cette longue lettre, qui vient d'une mère de cinq enfants. L'aîné a dix ans et la dernière vingt-cinq mois. En fait, le problème est celui de l'apprentissage de la propreté par les enfants. Cette mère a profité de ses cinq enfants pour faire cinq expériences différentes, c'est-à-dire : pour le premier enfant, elle lui a présenté très souvent le pot, l'a grondé quand il salissait ses couches ou refusait d'aller sur le pot. Pour le deuxième...

Oui, mais à partir de quand ? Elle ne le dit pas ?

Je crois qu'elle le dit. Mais, alors, il faudrait vraiment prendre la lettre tout à fait dans le détail.

Il s'agit surtout de l'aîné, les autres s'élèvent par identification.

Voilà ! « Je suis mère de cinq enfants, que j'ai eus assez rapprochés, l'aîné ayant dix ans et le dernier vingt-cinq mois. Entre mes deux premiers enfants, il y avait juste un an d'écart. Comme beaucoup de mères, j'avais hâte de voir mon premier garçon propre, surtout que sa petite sœur le suivait de près. Aussi me suis-je acharnée à lui présenter le pot le plus souvent possible, parfois toutes les heures, le grondant lorsqu'il n'y avait pas de résultat, le grondant aussi parce qu'il salissait ses couches. Après un an d'efforts, il était devenu propre ; à deux ans pile, le jour, et, à deux ans et demi, la nuit. Donc, pas de quoi être glorieux », dit-

elle. Voilà donc pour le premier enfant. Ensuite, elle a interverti un peu le système. Elle a présenté le pot, mais sans gronder, ou elle a grondé sans présenter le pot, etc. Jusqu'au dernier, enfin, le cinquième, pour qui liberté totale : elle ne lui a jamais présenté le pot. Sa conclusion est la suivante : tous ses enfants ont été propres le jour, à deux ans, et la nuit, à deux ans et demi.

C'est très amusant, et instructif, merci à cette mère de son témoignage.

Et elle ajoute : « Je pense qu'il est inutile de vouloir, à tout prix, que son enfant devienne propre. »

Je crois que cela va consoler beaucoup de mères qui se font une bile noire parce que leur enfant n'est pas propre. Je dois dire aussi qu'elle a eu de la chance que l'aîné n'ait pas continué à faire pipi au lit : elle a commencé à l'instruire trop tôt. C'est aux environs de deux ans, à partir du moment où un enfant est capable de monter et descendre une échelle tout seul, une échelle de ménage, jusqu'à la dernière marche à laquelle il s'accroche avec ses mains, eh bien, c'est à ce moment-là, que son système nerveux est constitué et qu'il peut donc être propre, s'il est attentif. Avant, il ne le peut pas. Cette mère a eu un autre enfant, un an après ; je crois que l'aîné a dû prendre l'intérêt que portait sa maman à son derrière comme une chose très agréable : grâce à ça, elle s'occupait de lui tout à fait spécialement.

Je crois que c'est assez malin ce qu'elle a fait, sans le savoir, pour l'aîné qui, de la sorte, a continué d'accaparer l'attention maternelle après la naissance du second. Les autres enfants s'élèvent par identification à l'aîné. Ils veulent tous faire aussi bien que l'aîné, aussitôt qu'ils le peuvent. Bien sûr, ils ne le peuvent pas plus tôt le jour que, environ vingt et un mois, chez les filles, et vingt-trois mois, chez les garçons ; les garçons deviennent propres plus tard que les filles. Mais se pose une question : cet aîné ne serait-il pas un peu plus perfectionniste, moins libre, moins souple

Lorsque l'enfant paraît

de ses mouvements, que les autres ? Sinon, c'est parfait. Toutefois, c'est vraiment dommage de perdre tant de temps avec le pot de chambre, alors que tant d'autres choses sont à faire, pour développer l'adresse des mains, de la bouche, de la parole, du corps tout entier... Lorsque l'enfant est adroit, habile de ses mains, acrobate, c'est-à-dire jouit en liberté et relaxation d'une bonne coordination de ses mouvements, et d'un tonus maîtrisé, lorsqu'il parle déjà bien, il a plaisir à devenir propre tout seul, à faire comme font les adultes, c'est-à-dire aller aux cabinets. J'en profite pour dire que les mères ne devraient jamais mettre le pot de chambre dans la cuisine, ni dans la chambre des enfants. Qu'il soit toujours dans le cabinet, excepté la nuit et que – à moins qu'il fasse très froid, et pendant l'hiver seulement – l'enfant aille toujours faire ses besoins aux cabinets et jamais dans les pièces où l'on vit et l'on mange.

Qui abandonne qui ?

Voici une maman qui a un bébé de trois mois : elle vous explique que ce bébé va entrer à la crèche, lorsqu'il aura six mois ; elle vous demande comment faciliter cette transition entre la vie dans la famille et l'entrée à la crèche. Elle dit aussi que tout son entourage s'ingénie à lui expliquer combien les crèches sont mauvaises pour les enfants, mais elle ne veut pas céder. Elle vous demande si elle doit s'occuper moins, par exemple, de son enfant, dans la semaine qui précédera son départ, ou si elle doit profiter des périodes de fête pour confier l'enfant le plus possible à des gens de la famille, les grands-parents par exemple.

Certainement pas. Que cette mère s'occupe de son bébé... Je crois que l'important, c'est qu'elle aille chez d'autres personnes avec son bébé, et non pas qu'elle le confie en s'en allant. Ce n'est pas du tout la même chose d'être confié, pour le bébé, au milieu d'autres bébés comme il le sera à la crèche dans trois mois, et d'être abandonné avec des grandes personnes. Mais si cet enfant voit toujours sa mère parler avec d'autres adultes, au lieu qu'il reste seul à seule avec elle, cela l'aidera certainement. D'ailleurs tous les bébés devraient souvent aller voir d'autres personnes avec leur mère. Chaque fois que la mère fait un déplacement, elle devrait – quand cela est possible – l'emmener pour qu'il connaisse tous ses oncles, ses tantes, ses grand-mères, etc. Mais il ne s'agit pas pour la mère de s'en aller pour autant. Cependant, évidemment, c'est un âge ennuyeux pour mettre l'enfant à la crèche.

C'est un peu jeune ?

Non, ce n'est pas ça : au contraire, on peut les y mettre très tôt. L'enfant prend vite ce rythme-là. Mais c'est un âge où sa mère va lui manquer beaucoup. Donc, il faut l'y préparer... Elle ne dit pas quel travail elle va effectuer, et si ça va lui prendre tout son temps ?

Apparemment, elle tient à ne pas laisser tomber l'activité qu'elle exerce en ce moment. Je crois qu'elle est en congé de maternité, mais qu'elle veut fermement reprendre son activité.

L'enfant va s'y habituer en quelques semaines, mais il faudra qu'elle le lui explique : « Je suis obligée d'aller travailler. Ça me fait beaucoup de peine de te laisser à la crèche, mais tu y trouveras d'autres amis, tu y trouveras des petits bébés. » Qu'elle lui parle souvent des autres bébés et qu'elle le conduise au jardin en lui montrant les bébés avec leur maman ; qu'elle les nomme : « les autres bébés », « les petits amis », « les camarades », « les petites filles », « les petits garçons », etc. Qu'elle ne lui dise jamais que tel ou tel bébé est plus gentil que lui ; il faut qu'il sache bien que, pour elle, il est celui qui l'intéresse le plus, même si devant lui, avec une autre mère, elle parle à un autre enfant.

En tout cas, elle ne doit pas se désintéresser de son enfant ou s'occuper moins de lui...

Sûrement pas. A la crèche, les femmes s'occupent énormément des bébés. Alors, pourquoi pas elle ? Évidemment, elle doit aussi, en sa présence, tout en lui parlant, s'occuper de la maison, comme font les femmes : elles s'occupent de beaucoup d'autres choses, en même temps que des bébés.

Ces questions reviennent souvent, du problème de la séparation d'avec un petit bébé.
J'ai deux lettres à ce propos. L'une vient d'une grand-

mère qui vous dit : « *Je vais devoir garder ma petite-fille à partir de janvier prochain. Pourriez-vous m'indiquer les précautions à prendre en vue de ce changement de vie ?* » *Ce bébé aura alors à peine trois mois.*

Elle ne dit pas si l'enfant reverra ou pas ses parents ?

Apparemment oui. Elle ne donne cependant pas beaucoup de détails : « *Je la garderai de huit heures du matin à dix-sept heures trente, sauf les mercredis, samedis et dimanches, donc il changera de garde, de literie et même d'ambiance.* »

Alors, cela rejoint ce que j'ai déjà dit : il faudrait que ce bébé, dès maintenant, aille passer quelques heures avec sa maman ou avec son papa chez la grand-mère. Qu'il connaisse le cadre. Que sa maman lui dise : « Tu vois, ici, c'est chez ta grand-mère. » D'après ce que cette dernière dit, elle sera gardienne de jour et encore, même pas tous les jours. C'est parfait. Il faut prévenir l'enfant. Il faut qu'il connaisse ce cadre nouveau avec la présence et la voix de son père, la présence maternante et la voix de sa mère. Et puis, qu'il ait certaines choses de sa mère avec lui, pour qu'il sente son odeur, des joujoux qu'il a chez lui, qu'on emmène et qu'on ramène chaque fois de chez la grand-mère, et puis des joujoux qu'il retrouvera toujours chez la grand-mère et qu'au bout de quelque temps il emmènera avec lui et gardera chez ses parents, comme il y en aura d'autres qu'il emportera et laissera chez elle. Qu'il y ait un objet préféré qui aille et vienne avec lui, de chez la maman à la grand-mère et de chez la grand-mère à la maman. Cet enfant aura tout simplement deux lieux, où il se trouvera également bien. Il faut qu'il sente la continuité de sa personne entre ces deux lieux. Alors, il s'y fera très bien. Il serait bon aussi que sa grand-mère le promène en semaine, et les parents leur jour.

Pas de drame. Cette autre lettre vient d'un père. Il va un petit peu plus loin que la grand-mère de la lettre précé-

Lorsque l'enfant paraît

*dente, mais c'est toujours au sujet de la séparation :
« Quelles pourraient être les conséquences immédiates, et
surtout à long terme, pour un enfant qui, à vingt mois, va
subir une séparation de trois mois et demi d'avec ses
parents ? »*

Vingt mois... déjà, il doit marcher, courir, et parler. Donc, on peut aisément comprendre, en tout cas, son langage, même s'il ne parle pas encore fort bien. Il faut le préparer, lui parler du changement. Que le père ou la mère aillent le conduire à l'endroit où il sera ; et lui fassent leurs adieux, même s'il pleure ; qu'ils ne partent pas quand il dort ou sans qu'il les voie partir. Puis qu'ils lui écrivent des cartes, qu'ils lui fassent des petits dessins ; qu'ils lui envoient des paquets de biscuits, des bonbons, au moins une fois par semaine, et d'une façon régulière ; qu'il reçoive de ses parents des signes qu'ils pensent à lui. Voilà ce qui est important. Vingt mois, c'est un très bon âge pour être séparé... Il faut que les parents manifestent toujours leur présence par des témoignages de leur pensée. Et puis, ne pas s'étonner si l'enfant n'est pas content. Bien sûr, c'est sa manière à lui de réagir. Il vaut beaucoup mieux qu'un enfant réagisse à une séparation. Et, quand il reverra ses parents, s'il boude un peu, qu'ils le comprennent, lui parlent, ne le lui reprochent pas. Cela se passera très bien. Puisque cette séparation est indispensable, eh bien, c'est simplement une épreuve qu'il doit passer. L'épreuve de la grand-mère, ou de la personne chez qui il aura passé quelques semaines, sera peut-être plus grande que la sienne quand il la quittera. Il ne faudra pas la lui faire quitter brusquement. Quant aux parents, ils devront lui reparler par la suite de leur séparation et de la joie qu'ils ont eue à le retrouver, sans faire à tout un chacun, devant lui, le récit de sa prétendue indifférence quand ils l'ont retrouvé.

Une autre femme nous écrit ceci : « *J'ai un petit garçon de deux ans et demi. Lorsqu'il avait l'âge critique de sept mois, je l'ai abandonné trois jours par semaine.* »

On voit déjà que la mère se sent coupable, puisqu'elle dit « abandonné », au lieu de dire « confié », du matin au soir.

Donc, pour des raisons professionnelles, elle a laissé cet enfant chez une gardienne : « Je dois ajouter que je suis privilégiée, puisque je suis enseignante. Donc, j'ai de longues vacances que je peux passer avec mon enfant. » La deuxième année, elle travaillait presque tous les jours. Elle a remis l'enfant chez la gardienne. Tout s'est bien passé. Puis, cette année-ci (l'enfant a deux ans et demi) : « J'ai cessé mon activité, mais j'ai voulu mettre mon fils à l'école maternelle, pour qu'il ait des contacts avec d'autres enfants. »

Alors qu'elle avait cessé son travail ?

Justement.

Tiens ! c'est curieux.

Elle a bien expliqué à son enfant que l'école était un endroit où l'on s'amuse beaucoup, où l'on rencontre de petits camarades : « Malheureusement, dit-elle, après le premier jour de classe, cet enfant refuse systématiquement d'aller à l'école, pleure énormément. » Et elle pose la question de savoir s'il faut insister ou, au contraire, attendre quelques mois avant de le remettre à l'école.

Je crois que cette mère comprend très bien son problème. Son enfant était chez une gardienne... Nous avons vu qu'elle a le sentiment, elle, de l'avoir abandonné. Cependant, l'enfant avait l'air d'être heureux chez cette gardienne. Elle ne nous dit pas s'il y avait là d'autres enfants ou s'il était seul... Bien sûr, aller à l'école à deux ans et demi avec beaucoup de petits camarades, alors que sa mère qu'il vient de retrouver tous les jours reste à la maison, c'est un peu insolite pour cet enfant ; puisque justement, elle aurait pu faire pour lui tout ce qu'on peut faire dans une école maternelle, sans compter tout ce qu'on ne peut pas y faire, c'est-à-dire qu'il parle avec sa mère et fasse avec elle en y prenant part tout ce qu'elle fait, les courses, la cuisine, le ménage...

J'ai l'impression qu'elle a fait cela pour que son enfant ait des contacts avec d'autres enfants. C'est un enfant unique.

Justement, puisque c'est une mère qui sait instruire les enfants... Elle pourrait peut-être maintenant passer à un autre style de maternité, un style que la gardienne ne pouvait pas avoir. Je ne dis pas, puisque maintenant la mère est rentrée chez elle, qu'il faudrait le remettre chez la gardienne, mais peut-être ne pas la supprimer complètement, le confier à celle-ci un ou deux après-midi par semaine par exemple. Ainsi, la mère aura un peu de temps de repos. Pourquoi a-t-elle arrêté son travail ? Probablement, pour se reposer ou pour une autre raison, qu'elle ne dit pas. Alors, peut-être pourrait-elle s'arranger pour garder son fils mais, en même temps, maintenant qu'il sait ce qu'est l'école, le préparer en l'occupant à jouer, dessiner, chanter, à fixer son attention sur des travaux. Il faut dire aussi que deux ans et demi, c'est vraiment jeune pour aller à l'école.

En fait, on ne peut mettre un enfant à l'école à deux ans et demi que lorsqu'il est déjà habitué à rencontrer pour jouer d'autres petits, dehors et à la maison, et qu'il y va attiré par la compagnie d'un petit qu'il connaît déjà ou d'un aîné qu'il a envie d'imiter. Deux ans et demi, c'est trop tôt.

D'une manière générale, quel est selon vous l'âge idéal pour envoyer un enfant à la maternelle ?

Un enfant en général, ça n'existe pas. Chaque enfant est différent. Il y a des enfants qui s'occupent très bien à la maison quand on leur a enseigné à s'occuper et, surtout, à faire en même temps que leur mère tout ce qu'elle fait dans la maison. Il faut déjà que l'enfant soit très habile à la maison, qu'il sache s'occuper tout seul, jouer tout seul, parler tous ses agissements, jouer et fabuler avec ses ours, avec ses poupées, avec ses petites autos ; faire des jeux, seul ou avec une autre personne qui, tout en travaillant à côté, l'accompagne : il coopère, il épluche les légumes avec maman, il fait les courses, observe les choses de la rue. C'est seulement après que l'école va l'intéresser, et quand il aura déjà été souvent au jardin jouer en liberté avec d'autres enfants en revenant à sa mère à propos de menus incidents de rivalité, desquels sa mère le console en lui expliquant l'expérience qu'il vient de vivre.

Quel âge, alors ?

Trois ans, pour un enfant qui est bien déluré, trois ans, c'est bien. Deux ans et demi, je trouve cela très jeune, surtout pour un enfant unique, qui aura *d'abord* besoin de s'habituer à la fréquentation d'autres enfants.

D'un autre côté, est-ce qu'il y a un âge limite qu'il ne faut pas dépasser ? Il ne faut pas garder trop longtemps un enfant à la maison, n'est-ce pas ?

Non, mais cela dépend aussi de la manière dont il est occupé à la maison et de sa connaissance du monde à l'extérieur, les voisins, la rue, le jardin public, etc. Autrefois, on allait à la grande école à six ans, parce qu'on avait fait à la maison, en famille avec les personnes amies, tout ce qu'on fait à la maternelle. La famille n'était pas réduite pour l'enfant à son père et sa mère. Il y avait grand-mère, oncles, tantes, cousins, voisins. Et la participation de l'enfant au travail de la maison. Alors, l'enfant était très content d'aller apprendre à lire et à écrire, lui qui était déjà très déluré, chantait des chansons, dansait, savait jouer seul et se rendre utile... Enfin, tout ce que peut faire un enfant avec son corps, avec son intelligence manuelle et corporelle : être vraiment un petit compagnon de la vie de tous les jours. En tout cas, à deux ans et demi, la maternelle – à part pour certains enfants extrêmement délurés et déjà désireux d'être tout le temps en contact avec d'autres petits camarades –, c'est trop jeune.

Chacun différent
pour le sommeil

Voici une contestation de ce que vous aviez dit en parlant du sommeil de l'enfant ; vous aviez affirmé que l'enfant s'endormait n'importe où, dès qu'il en sentait le besoin et que, le mettre au lit dans sa chambre, l'« obliger » à aller dans sa chambre pour « dormir », c'était un petit peu le condamner au désert. Or, une mère nous dit : « J'ai un petit garçon de seize mois. Cet enfant refuse de s'endormir s'il n'est pas dans son propre lit, donc dans sa chambre, excepté les longs trajets en voiture. Mais, lorsqu'il est en compagnie, il veut absolument participer à l'animation générale, il se force à rester éveillé. » Cette dame pense donc que l'entourage des adultes est préjudiciable au sommeil de son fils ; et le sommeil est un des aspects essentiels du développement d'un enfant à cet âge-là.

Elle a tout à fait raison. Nous généralisons beaucoup trop. Il y a des enfants qui s'endorment, dès la naissance, quand ils en ont besoin, à leur rythme, là où on les met. Celui-là, non. Cet enfant-là est probablement particulièrement axé sur la relation aux adultes. Aucun enfant n'est semblable à un autre. Et sa mère, depuis qu'il est petit, a dû lui faire prendre l'habitude de dormir dans son propre lit seulement. Eh bien ! elle a raison, cette mère. Elle l'a déjà habitué à un certain rythme de vie. Pourquoi pas ? Puisqu'elle a compris que, mis dans sa chambre, il s'endort, allons, qu'elle continue et qu'elle ne se pose aucune question. Moi, je suis très contente que des gens contestent ce que je dis. J'ai parlé un peu en général : je sais que, à la ferme, les enfants dorment dans la salle commune depuis qu'ils sont bébés, parce qu'il n'y a aucune autre pièce chauffée. Lorsque mes aînés étaient petits c'était la guerre, on ne pouvait chauffer qu'une pièce, celle où l'on se tenait. On n'est plus dans les mêmes conditions aujourd'hui. Et puis, il y a des enfants qui sont particulièrement excitables et d'autres qui sont plus placides, et qui savent dormir n'importe où quand ils en ont besoin. D'après ce qu'on nous dit, cet enfant dort en voiture, alors qu'il y en a qui, dès qu'ils sont en voiture, ne veulent pas dormir.

D'un autre côté, il faut le répéter, ce n'est pas nuisible non plus de laisser un enfant s'endormir dans une pièce où il y a aussi beaucoup d'autres personnes.

Le petit en question a été habitué à s'endormir dans son lit. Il est un peu maniaque de son lit ou de la voiture. Pourquoi pas ? Il semble qu'il ait gardé des rythmes qui lui ont été donnés depuis qu'il était tout petit. Mais peut-être va-t-il aborder un tournant ? Pour l'instant, il reste dans son lit, il est possible que, un de ces jours, il en sorte et revienne dans la pièce commune. Je crois que, là, il ne faudrait pas se fâcher ni s'étonner. Il faut aussi que cet enfant prenne ses initiatives personnelles auprès d'adultes qui, lorsqu'il ne les gêne pas, les lui laissent prendre. Quand un enfant a des « habitudes », il est moins adaptable au changement qu'un autre. Il ne trouve pas sa propre sécurité en lui-même, dans toutes les situations.

Voilà donc pour la réponse à cette lettre. Mais on pourrait peut-être élargir un peu la question et parler du sommeil chez l'enfant, de son importance, de la durée...

C'est très difficile à préciser. Personnellement, j'ai eu trois enfants, chacun différent pour le sommeil. Bien sûr, à partir d'une certaine heure, ils étaient dans leur chambre mais pas tous au lit. Je crois qu'il faut éviter que les enfants aillent au lit avant que le père soit rentré. En revanche, on peut les laisser en robe de chambre tant qu'ils n'ont pas envie d'aller au lit. S'ils sont très fatigués, bon, qu'ils dorment. Des enfants qu'on n'oblige jamais à aller au lit, y vont de leur plein gré dès qu'ils peuvent y grimper seuls. D'où l'intérêt de lits sans barreaux et pas trop hauts, avec une chaise auprès pour y mettre joujoux et livres d'images à regarder avant de dormir et au réveil.

Est-ce qu'il faut aller jusqu'à les réveiller à l'arrivée du père ?

S'ils dorment vraiment, certainement pas. Mais le père peut leur dire : « Je viendrai toujours vous dire bonsoir quand je rentrerai. » Alors, si l'enfant est au lit, et s'il se réveille et vient accueillir son père, je crois qu'il est bon de le laisser venir, et rester un moment en robe de chambre dans la pièce où sont les adultes, parce qu'un enfant a tellement besoin de voir son père, n'est-ce pas ? Le laisser venir, cinq, dix minutes... Cela peut se terminer par un petit peu de lait à boire avant de retourner au lit. Un enfant dort bien mieux quand il a eu un petit réveil heureux comme ça, et qu'il prend quelque chose avant d'aller se remettre au lit ; une petite tartine de pain, un petit gâteau sec, boire un peu. Avec une lampe tamisée, avec ses joujoux autour de lui, il s'endort quand il a sommeil.

Cela dit, il faut aussi qu'il sache respecter la soirée de ses parents. Les grandes personnes ont besoin de repos et de vivre ensemble hors de la présence des enfants.

Une autre lettre vous demande si le fait de coucher dans la chambre de ses parents peut avoir des répercussions sur la « santé mentale » d'un enfant de cinq à six ans.

D'abord, la lettre ne dit pas si cette famille a de la place ou s'ils vivent dans une seule pièce. Il est effectivement préférable que l'enfant ne soit pas, la nuit, mêlé à l'intimité et au sommeil de ses parents. S'il est impossible de faire autrement, il faut surtout qu'il n'aille pas dans le lit de ses parents, mais qu'on ne le gronde pas d'en avoir le désir ; il faut lui en parler et lui dire que, lorsque, par exemple, son papa était petit – si c'est un garçon –, il avait son propre lit ; et si c'est une fille, qu'il faut qu'elle accepte d'être une petite fille et ne joue pas au papa ou à la maman avec l'autre, comme si elle était adulte.

D'autres questions reviennent très souvent. Une petite fille – qui a maintenant dix ans et demi – partageait sa chambre avec son frère, qui en a six. Et puis, un jour, ses parents lui ont arrangé sa chambre à elle. Et voilà que, maintenant, elle veut revenir avec son frère, parce qu'elle est angoissée, toute seule, dans sa chambre. Quoi faire ?

D'abord, les parents semblent avoir aménagé cette chambre séparée, sans que l'enfant l'ait demandé. Je crois qu'il serait beaucoup plus sage que les enfants couchent encore ensemble, jusqu'à la nubilité de la fille. Pour le garçon, cela n'a encore aucune importance...

La nubilité, ça veut dire... ?

La nubilité, ça veut dire les règles : donc le moment où elle devient jeune fille. A ce moment-là (peut-être même avant), elle sera très contente d'avoir sa chambre, et le garçon aussi. Mais, pour l'instant, pourquoi est-ce que la mère ne fait pas, de l'autre chambre, un endroit de jeux ? On travaille dans la chambre où l'on couche et l'on s'amuse dans l'autre chambre. Ce serait plus sage : il ne faut pas, pour l'instant, séparer les enfants, qui ne sont que deux dans cette famille. S'il y avait plusieurs filles et un seul garçon, il y aurait une chambre de garçon *et* la chambre des filles.

Par ailleurs il y a beaucoup de lettres qui évoquent le problème des angoisses nocturnes. Cela me semble toujours lié à un problème particulier de l'enfant ; tout à l'heure la

Lorsque l'enfant paraît

petite avait dix ans et demi : pour vous, c'est clair, elle avait des angoisses à cause du changement d'ambiance.

Sûrement, et surtout parce qu'elle n'avait pas encore désiré ce changement...

Y a-t-il d'autres explications possibles pour les angoisses nocturnes ?

Évidemment. Les cauchemars, c'est un fait banal autour de sept ans, ils sont même nécessaires. Je pense que, dans ce cas, il s'agit tout de même d'une fillette qui s'est un peu trop « tassée » sur l'âge de son frère ; tandis que le frère, lui, a dû se « pousser du col », pour être de l'âge de sa sœur. Je crois qu'avant même qu'ils ne soient séparés, il faudrait que ces deux enfants aient des amis différents, au lieu d'être faussement jumelés, comme ils l'ont été depuis leur petite enfance. On ne peut pas hâter la séparation quand la cohabitation a été longtemps le mode de vie. Cela se fait lentement, par une modification de la psychologie de l'enfant, modification qui vient en grande partie de ses amis : l'enfant a toujours besoin d'avoir un ami, avec lequel il s'entend bien – ce que, dans notre jargon, nous appelons « le moi auxiliaire ». Les enfants ont besoin de compagnie. Dans notre cas, ils sont certainement bien plus heureux à dormir dans la même chambre. Jusqu'à présent, chacun se trouve être le moi auxiliaire privilégié de l'autre. Ce n'est pas en les séparant brusquement la nuit qu'on les aide. C'est en leur apprenant à vivre séparés le jour, – à l'occasion de week-ends et de vacances : qu'ils se fassent chacun des amis et compagnons de jeux différents.

Quand il s'agit de deux garçons, par exemple, jusqu'à quel âge deux frères peuvent-ils partager la même chambre ?

Toute leur enfance, toute leur jeunesse, même leur adolescence. On peut, par exemple, s'arranger pour qu'il y ait une petite séparation dans la pièce, afin que, à l'endroit où ils ont à travailler, la lumière de l'un ne gêne pas l'autre, qui a, lui, un autre rythme d'activité et de sommeil. Je ne crois pas du tout que ce soit mauvais que les enfants de même sexe couchent ensemble. Ce peut être difficile à partir de la puberté. Ce qui importe, c'est d'isoler les enfants pour le sommeil. Les lits superposés, je ne trouve pas ça excellent, bien que cela amuse beaucoup les enfants quand ils sont petits. Dans les lits superposés, durant le sommeil, tous les mouvements de l'un se transmettent à l'autre, à moins que ces lits ne soient bien calés au mur. Dans le sommeil, nous faisons tous une régression, les enfants qui dorment dans ce genre de lits qui communiquent sont comme en dépendance l'un de l'autre, une dépendance qui leur est imposée par le conditionnement du mobilier. Des lits gigognes séparables sont préférables quand on a peu de place ; d'autant que pour faire les lits c'est plus commode, et plus commode aussi quand l'un des enfants est malade et qu'il doit garder le lit.

Il est mauvais de coucher les enfants, même du même sexe, jumeaux ou d'âge différent, dans le même lit. Ce qui avait moins d'inconvénient à la campagne (et encore) en a dans les villes, où la promiscuité est continue (ou presque) de jour. Que chacun ait son espace la nuit, sans toujours se heurter au corps de l'autre. Dormir dans la même chambre, ce n'est pas du tout la même chose et ce n'est pas nuisible, à moins que l'aîné soit déjà un adulte quand l'autre est encore un enfant.

Aimer « bien »,
aimer « avec désir »
(Réveils nocturnes)

Revenons au réveil nocturne : à ces enfants qui se réveillent au milieu de la nuit et qui commencent à pleurer.

De quel âge ?

Une petite fille de trois ans, qui est, dit sa mère, d'ailleurs très équilibrée. Nonobstant, depuis trois mois, elle se réveille toutes les nuits. Alors, la mère s'est livrée à une petite enquête personnelle auprès d'amies à elle, qui ont également des enfants très jeunes qui se réveillent souvent trois ou quatre fois par nuit : « Je suis allée voir mon pédiatre, pour lui dire que j'étais contre le fait de me trouver ainsi réveillée, parce que je n'allais pas tenir longtemps à ce rythme-là. Je lui ai demandé des calmants pour l'enfant mais il me les a refusés. Moi, je suis pourtant pour les calmants et pour le retour aux couches, la nuit. »

Pourquoi le retour aux couches ? Où est le rapport ?

J'avoue que ça vient un peu comme des cheveux sur la soupe...

Il s'agit d'une grande petite fille, trois ans déjà ; ce n'est pas comme les réveils nocturnes des enfants tout petits... et c'est venu depuis trois mois seulement... Or, trois ans, c'est l'âge où l'enfant s'intéresse à la différence des sexes. C'est l'âge où la petite fille est prise d'un amour incendiaire pour son papa. Cette mère ne parle pas de son mari, mais sans doute doit-elle être au lit avec son mari. Je crois que la fillette voudrait avoir un compagnon ou une compagne de sommeil, comme sa maman.

D'ailleurs, cette mère dit que, lorsque la petite fille se réveille, c'est pour crier « Maman! Maman! » ou « De l'eau! » ou « Papa! » et, si rien ne se passe, après c'est le drame, les cris.

Ça aiderait certainement la petite fille si, de temps en temps, c'était le père qui venait la calmer, en lui disant : « Chut! Maman dort. Il faut que tout le monde dorme. Dors. » Il y a aussi de petits aménagements de la chambre à coucher de l'enfant, que la mère pourrait faire. Que l'enfant ait toujours près d'elle un verre d'eau, sur la table de nuit. Beaucoup de « pipis au lit » (je dis cela à cause des couches dont elle parle) disparaissent quand l'enfant a de l'eau près de lui. Chose tout à fait paradoxale pour les parents! Cela vient de ce que l'enfant, un peu inquiet ou angoissé, a besoin d'eau. Or, la manière immédiate de « faire » de l'eau, c'est de pisser au lit ; la deuxième, c'est de boire. Eh bien, si l'enfant qui a l'habitude de faire pipi au lit a un verre d'eau près de lui, il la boira. C'est peut-être une enfant qui a des craintes nocturnes ; à trois ans, c'est normal. Ça arrive à nouveau à sept ans, plutôt sous forme de cauchemars. A trois ans, c'est le réveil : rechercher sa maman, redevenir petit et être de nouveau près d'elle, parce que c'est l'âge où on grandit, en acquérant la conscience d'être fille ou garçon. On peut jouer à colin-maillard dans la journée avec l'enfant, faire le noir dans la pièce. On met un bandeau sur les yeux et on fait semblant d'être dans la nuit ; on se lève, on fait quelque chose, on allume la lumière, on éteint, etc. Mais on se garde bien d'aller réveiller le père ou la mère. Je crois qu'après certaines explications, à travers le jeu, l'enfant comprendra très bien qu'il faut laisser ses parents tranquilles ; lorsqu'elle sera grande, elle aura un mari, mais en ce moment elle est petite, même si elle n'est plus un bébé.

Je pense que c'est une petite qui ne prend pas encore assez d'autonomie par rapport à sa mère. Par exemple, choisir ce qu'elle va mettre dans la journée, comment elle va être coiffée, faire des tas de petites choses pour elle-même. C'est l'âge où la coquetterie commence. Les mamans peuvent aider beaucoup les enfants à ne plus avoir ces retours nocturnes au « nid », en les rendant indépendants pendant la journée. Bon ! Que vous dire encore ? Je ne comprends pas du tout l'histoire des couches. Si c'en est arrivé là, c'est que l'enfant fait encore pipi au lit ?

Apparemment oui.

En fait, est-ce que l'enfant s'inquiète d'avoir besoin de faire pipi la nuit ?

Je crois que la maman parle des couches la nuit, pour retirer à l'enfant un prétexte de réveil...

Justement, cette enfant parle de pipi, parce qu'elle croit que la différence sexuelle est une différence de pipi. Je crois qu'il faut absolument que la mère lui explique que les garçons et les filles ont des sexes différents, qu'elle prononce le mot « sexe », que ce n'est pas une question de pipi ; elle est une jolie petite fille et elle deviendra une jeune fille, et après, une femme, comme sa mère. Mais c'est peut-être aussi que cette enfant de trois ans est encore enfermée dans un lit à barreaux et qu'elle ne peut en sortir seule pour faire pipi. Le père n'a qu'à retirer les barreaux ou encore changer ce lit.

Un mot aussi sur les *calmants*.

Le médecin a absolument raison : les calmants, ça n'arrange que la mère. Mais ce qui arrangerait aussi la mère, sans nuire à l'enfant, c'est que sa fille aille parfois dormir ailleurs, par exemple chez une petite amie. Si l'enfant allait dormir chez une cousine, ou une amie, en huit jours ce serait fini. C'est que cette enfant est toute seule et qu'elle est, je crois, à trois ans jalouse de ces deux qui sont ensemble dans le lit.

En tout cas, il ne s'agit ni de gronder ni de calmer, mais de comprendre ce qui se passe en elle à l'occasion de la mutation de trois ans : soit de par la croissance de son corps à l'étroit dans un lit qui l'infantilise et auquel elle se cogne, soit de par le développement de son intelligence qui lui fait observer les « pipis » c'est-à-dire la différence sexuelle, pour laquelle elle n'a pas eu de paroles rassurantes d'information de la part de sa mère. Droguer un enfant qui ne dort pas, n'est pas une solution. Mieux vaut comprendre qu'elle grandit en taille et en connaissance, agir pour résoudre l'une des questions, et parler avec elle pour l'autre.

Encore deux lettres. L'une vient d'une grand-mère, l'autre d'une mère. Il s'agit là d'enfants un peu plus âgés, qui posent des problèmes un peu plus spécifiques. Voici donc la lettre de la grand-mère, qui s'inquiète pour son petit-fils qui a onze ans. Ce petit garçon fait toujours pipi au lit, depuis très longtemps malgré des visites répétées chez le docteur : « Le voyant grandi ; avec ce grand handicap, que nous conseillez-vous ? Que doit-on encore faire ? »

Je dirai ceci à la grand-mère : c'est gentil qu'elle questionne. Cet enfant est déjà grand ; il aurait à prendre en charge, lui-même, son développement sexuel. Parce qu'il faut dire la vérité : le problème de faire pipi au lit est toujours, chez le garçon, un problème mêlé au problème de sa sexualité. Je ne sais pas si cette famille, le père surtout, s'inquiète pour son enfant. On ne parle pas du père. On parle d'un grand frère, je crois.

Mais c'est la grand-mère qui écrit.

Il faut que cette grand-mère donne le plus qu'elle peut d'affection intelligente à ce garçon, sans être elle-même fixée sur son pipi ou non-pipi. Quant à lui, l'enfant, il pourrait, s'il en est ennuyé, consulter quelqu'un de spécialisé. Il y en a sûrement dans la région où vit cette femme. C'est ce qu'on appelle les CMPP (consultations médico-psycho-pédagogiques). Des endroits où il y a des psychothérapeutes. La Sécurité sociale rembourse les cures psychothérapiques. Ce garçon, s'il est lui-même inquiet, peut aller parler à quelqu'un, à l'âge qu'il a, bien avant la puberté. Mais il faut aussi qu'on ne le culpabilise pas pour une maîtrise sphinctérienne impossible, signe d'une immaturité psychologique dont la famille et la grand-mère sont peut-être complices.

L'autre lettre concerne un adolescent de quatorze ans. Ce garçon a, dit-on, une angoisse nocturne, une peur maladive de l'obscurité, depuis l'âge de sept ans. Il s'endort et, quelquefois, lorsqu'il se réveille au milieu de la nuit, il a peur.

C'est donc à sept ans qu'il a commencé. Je dois dire que les enfants qui n'ont pas de cauchemars autour de sept ans ne sont pas des enfants normaux ; en fait, à sept ans, tout enfant a des cauchemars deux ou trois fois par semaine, au moins. Pourquoi ? Parce que c'est l'âge où ils doivent faire la différence entre *aimer bien* et *aimer avec désir*. Le père et la mère ont l'un pour l'autre qu'ils s'aiment bien aux yeux de l'enfant, mais ils ont en plus le désir et l'intimité de leur chambre à eux à préserver. Cet enfant, dans le noir, est habité d'angoisse... Maintenant depuis sept ans qu'il traîne ces angoisses, il a quatorze ans et il est grand temps qu'il aille parler à un psychothérapeute, de préférence un homme, pour qu'il puisse exprimer librement ses cauchemars et en comprendre le sens. A sept ans – on peut le dire à tout le monde – l'enfant a des cauchemars à propos de la mort de ses parents, ce qui est excellent, normal, et inévitable. Il faut que son enfance meure en lui : ce qui veut dire « mourir à la maman de lait » et au « papa des dents de lait ». C'est probablement quelque chose qui ne s'est pas accompli pour ce garçon à cet âge-là. Maintenant il est trop tard pour répondre comme ça, par les ondes. Cet enfant a besoin de parler à un psychothérapeute.

Crier
pour se faire entendre

Voici une lettre envoyée par une enseignante : son enfant, de trois ans et demi, a quelques petites difficultés pour l'instant. La mère dresse d'abord un tableau de la famille : son mari travaille, rentre souvent tard, mais trouve quand même, le soir ou pendant le week-end, le temps de jouer avec les enfants, de parler avec eux (parce qu'il y a aussi un petit frère, qui aura bientôt un an, et qui est très bien accepté par l'enfant de trois ans et demi). L'enfant en question va depuis l'âge de deux ans et demi à l'école et s'y comporte bien ; au départ, il y a eu quelques accrocs : à l'école, il était le « petit » ; la maîtresse le considérait un peu comme trop bébé, ce qui le vexait ; puis, les choses se sont arrangées. « Pendant ce temps, les gardes d'enfants se sont succédé à la maison : trois, durant l'année scolaire. Cette année – et c'est là où est le problème – une nouvelle dame s'occupe de mes deux enfants et semble un peu débordée par les événements... »

Quel âge a-t-elle, cette dame ?

Elle a cinquante-deux ans et a elle-même une fille de dix-huit ans. Elle se plaint de ce que le petit garçon lui désobéisse, soit grossier avec elle et même lui donne des coups de pied. La mère a interrogé l'enfant, qui a parfaitement avoué son comportement ; malgré cela, la gardienne a toujours beaucoup de mal à se faire obéir. Il y a, dit-elle, un nouveau conflit chaque jour. Maintenant, le soir, le petit garçon se montre de plus en plus nerveux et irritable. Il se

Lorsque l'enfant paraît

met à hurler sans raison apparente, même pour des détails de la vie de famille.

En fait, il est à bout de nerfs.

C'est cela. Lorsque sa mère lui demande, ne serait-ce que d'aller se laver les mains avant de venir à table, il refuse. Lorsque sa mère veut continuer à parler, l'enfant hurle : « Arrête, arrête, arrête... » Elle écrit : « Ces cris couvrent toute tentative d'explication. » Pour que ce tableau soit complet, encore un mot sur cet enfant : il est sensible, affectueux, câlin, joue souvent avec son petit frère et l'aime visiblement bien. La lettre se termine un petit peu en autocritique : « Il me semble que, souvent, nous demandons trop à ce petit garçon. Nous lui demandons beaucoup de sagesse, de politesse, des petits services. Nous voudrions trouver le juste équilibre entre notre désir d'avoir un enfant heureux et équilibré, et nos propres problèmes d'énervement ; nous ne nous fâchons pas au bon moment, nous ne sommes pas à la hauteur de nos principes. » Elle vous demande quelques conseils quant à l'attitude à adopter pour que ce petit garçon ne se ferme pas et qu'il soit moins agressif.

On dirait qu'il y a un phénomène de rejet de la gardienne actuelle. Évidemment, c'est difficile de trouver quelqu'un qui sache garder un petit garçon, surtout une femme qui semble, d'après ce que dit la maman, ne pas avoir élevé de garçon. Or, un garçon, c'est très différent d'une fille. S'il n'est pas un peu violent quand il est petit – enfin, entre deux ans et demi et trois ans et demi – ce n'est pas bon signe, le garçon a besoin de dire « non » à ce que dit une femme, la maman ou la gardienne. Que la mère ne se fâche pas, parce que, généralement, quand un enfant dit « non », cela veut dire qu'il agira dans le sens du « oui », deux ou trois minutes après. Il faut qu'il dise « non » à l'identification à une femme, pour que ce soit « oui » quant à son devenir de garçon. C'est un fait assez important à comprendre. La lettre ne dit pas ce que fait le père, s'il s'occupe de son aîné, en l'emmenant promener, par exemple..., en le dégageant de ce monde de femmes et de bébé.

Au début de la lettre, on nous dit qu'il rentre tard le soir, mais qu'il trouve tout de même souvent un moment pour l'enfant, au moins le week-end...

Mais elle dit qu'il s'occupe *des* enfants, et non pas de cet aîné en particulier, qui est très différent, quant à l'âge, de son petit frère. On dirait qu'il est un peu trop jumelé à ce petit frère. Or, il veut devenir grand, puisqu'il a été « promotionné » trop tôt, cet enfant, en allant à l'école, à deux ans et demi. Il a certainement besoin de jouer en dehors de l'école avec des enfants de son âge. Un bébé ne peut être un compagnon suffisant.

Il a l'air sensible et intelligent. Il semble qu'il ait été vexé d'être traité de « petit ». Or, il était effectivement très petit, quand il a commencé à aller à l'école. Je pense que cette mère pourrait déjà aider son enfant à se calmer, en ne l'envoyant pas se laver les mains tout seul, par exemple. Ce n'est pas très difficile à dire : « *On* va se laver les mains », c'est-à-dire que la mère va avec lui l'accompagner et l'aider, au moins l'assister. Qu'elle ait avec lui quelque chose d'un peu intime, à propos de ce qu'elle lui demande. Je crois qu'il en sera content. Il y a autre chose qui calme énormément les enfants nerveux, c'est de jouer avec de l'eau. Les mères ne le savent pas assez. Il y a toujours un évier, une cuvette ou un bidet où l'enfant peut s'amuser à l'eau le soir, en rentrant de l'école ou quand il est énervé. Lui dire : « Tiens, ton père t'a apporté un petit bateau. » Dans une salle d'eau, l'enfant s'amuse beaucoup et se calme. On lui montre comment pallier avec une serpillière les inondations involontaires.

Cela me semble être un petit peu une recette de grand-mère... Y a-t-il une explication plus scientifique ?

Dans les appartements, les enfants n'ont plus grand-chose à faire avec les éléments naturels. La vie, c'est l'eau, la terre, les arbres, les feuilles, taper sur les cailloux, tout cela... Les petits enfants ont besoin d'être agressifs d'une façon indifférenciée. Ici, vraiment, on dirait que la gardienne sert à la fois de cailloux, d'arbre, de mur, de tout ; et naturellement, cette femme est, comme dit la mère, débordée par la situation. Est-ce que la mère pourrait envoyer l'enfant chez un ami qu'il aime bien ? Je crois que cet enfant n'est pas élevé comme un « grand » ; c'est contre cela qu'il se défend. En même temps, les parents voudraient qu'il soit un « grand » mais seulement par le côté policé. Quand elle parle des exigences que ses parents ont à son égard, on dirait qu'il a cinq ou six ans ; il y a des choses vraiment contradictoires dans cette lettre, concernant l'enfant. C'est difficile. Mais il ne faut surtout pas que l'enfant se sente coupable. La mère dit : « Il avoue. » Or, avouer qu'il a donné des coups de pied, qu'est-ce que ça veut dire ? Ses pieds sont pleins d'énervement, et il tape. Sa bouche pleine de cris et de souffrance, et il dit des sottises à la gardienne. Je crois qu'il n'est pas assez occupé, comme un garçon de son âge, et qu'il n'a pas assez d'exutoires à son besoin de mouvements. Il n'y a pas de place dans cette famille pour la joie de vivre.

Reprenons cette lettre... car si vous avez déjà apporté beaucoup d'éléments de réponse, je voudrais poser un problème plus général ; ce que dit cette enseignante concerne énormément de familles. Je vous rappelle ceci : « Il me semble que, souvent, nous demandons trop à cet enfant. » On lui demande d'être sage et poli, on lui demande des petits services ; et puis, on veut aussi qu'il soit équilibré. N'est-ce pas être trop exigeant de demander à un petit enfant tant de choses ?

Certainement et, surtout, ce qu'on lui demande, c'est d'être conforme au désir de ses parents. Les parents, eux, aiment-ils rendre des services à cet enfant ? Est-ce qu'ils sont toujours polis avec lui ? Est-ce qu'ils aiment et savent jouer avec lui ? Par exemple, avec des images à classer, avec un jeu de cartes – le jeu de la bataille est tellement facile –, ou bien avec des cartes postales ? Quand on demande à un enfant d'être sage, il ne comprend pas du tout ce que cela veut dire, sinon rester immobile ou rendre des services ; cela veut dire qu'il ne doit pas avoir d'initiatives à lui, n'est-ce pas ? Je crois que cet enfant « essuie les plâtres », comme tous les aînés, et que sa mère a peut-être tort de se faire tant de reproches. Peut-être a-t-elle raison de se demander comment faire avec cet enfant, parce qu'il me semble qu'il commence à être à bout de nerfs. J'avais parlé de jeux avec l'eau. Mais il y a d'autres jeux : des jeux d'encastrement, des jeux de cache-cache, des jeux où il peut courir, rire. Un enfant a besoin de gaieté. L'enfant est sage quand il est gai, quand il est occupé et qu'il peut parler de ce qui l'intéresse, jouer à des petits jeux avec ses ours, etc. Que la maman lui dise : « A quoi veux-tu qu'on joue aujourd'hui ? », au lieu de jouer à lui demander de rendre service. Que, de temps en temps, elle aussi lui rende service. Par exemple, il y a des enfants auxquels, à trois ans et demi, on demande de ranger leurs affaires. C'est trop tôt. Il faut les aider : « Tiens ! tu m'aides ? Nous allons ranger ensemble. » En coopération.

La mère dit également : « Nous voudrions avoir un enfant heureux et équilibré. » Est-ce que l'image du bonheur et de l'équilibre d'un adulte peut correspondre au monde d'un petit enfant ?

C'est bien difficile. Il s'agit d'une mère qui est dans l'enseignement. Il faut croire qu'elle est un peu perfectionniste et « intellectualisante », sans s'en rendre compte, parce qu'elle a l'habitude de s'occuper d'enfants qui ont *par ailleurs* « leur » maman pour jouer, pour rire, pour s'amuser. Peut-être que c'est ça.

Séparation, angoisses

J'ai là la lettre d'un père – ce qui est assez rare dans notre courrier – qui pose le problème des enfants d'un couple séparé ou se trouvant, disons, en situation illégale (concubinage). Il vous demande si ce type de situations – l'adultère, ou la paternité illégale – est névrosant pour les enfants. Est-ce qu'automatiquement, mis devant une telle situation, un enfant souffrira ? « Est-ce que, finalement, tout n'est pas dans la manière que les enfants ont de se représenter les problèmes dans leur tête, à leur niveau, à leur échelle ? En expliquant simplement une situation, ne pourrait-on pas éviter que l'enfant soit lésé ? »

Léser ? Souffrir ? Chaque être humain a ses difficultés particulières. Je crois que l'important, c'est que les parents assument leur situation, qu'elle soit légale ou illégale ; que les parents puissent dire à un enfant de qui il est issu, et que sa vie a un sens pour la mère qui l'a mis au monde et pour le père qui l'a conçu... Les enfants ont parfois beaucoup de papas, mais ils n'ont qu'un seul père ; ils ont une mère qui les a portés dans son sein, et il faut le leur dire, car ils ont parfois beaucoup de mamans aussi, depuis la gardienne jusqu'à la grand-mère. Maman et papa, cela ne veut pas du tout dire pour un enfant père ou mère *de naissance*. Je crois que les enfants très jeunes ont besoin de savoir, d'abord, qui est leur mère et qui est leur père ; de même si tel homme, compagnon choisi par leur mère, leur « papa » actuel, est ou n'est pas leur père. Maintenant, toutes ces situations illégales, de concubinage, pourquoi pas ? Si les parents l'assument, ils expliqueront à l'enfant le sens qu'a leur vie, qu'a eu sa conception pour eux, et sa vie ; si maintenant, ses parents vivent séparés, chacun d'eux l'aime et ils se sentent tous deux responsables de lui jusqu'au moment où, lui, sera capable d'être responsable de lui-même. Je crois qu'un enfant a besoin de savoir que tel enfant est son demi-frère de père, telle autre sa demi-sœur de mère, etc. Le nom de famille qu'il porte doit lui être expliqué comme le référant à la loi qui régit l'état civil pour tous ; ce n'est pas toujours conforme aux sentiments de filiation ou à la conception.

Ils ont besoin de le savoir très jeunes ou...

Jeunes, en ce sens que ce ne doit jamais être caché. Un jour, la réponse sera plus explicite, parce que l'enfant posera directement la question, soit de lui-même, soit à la suite d'une réflexion entendue. Mais l'important, c'est que les parents n'aient jamais le désir de la lui cacher. « Tiens, pourquoi telle personne a dit que ce n'est pas mon papa, quand c'est mon papa ? » Alors, tout de suite, la mère ou le père qui ont entendu cette question doivent répondre la vérité. Quand les parents sont au clair avec leur situation, il ne faut pas feindre de n'avoir pas entendu ; aussitôt que l'enfant pose la question, il faut lui répondre par le vrai. Il en va de sa confiance en lui et en ses parents. Qu'il comprenne ou pas, c'est une autre affaire. Un jour, il posera la question de façon plus précise. « Un tel m'a dit que tu n'es pas mariée avec papa », ou « que tu n'es pas marié avec maman. » – « C'est tout à fait vrai. J'attendais que tu sois assez grand pour comprendre ces choses-là. Je suis ton père de naissance bien que tu portes le nom de jeune fille de ta mère », ou bien « Je ne suis pas ton père de naissance, mais je te considère comme mon enfant. Je vis avec ta mère parce que nous nous aimons et qu'elle est séparée de ton père », ou « Tu es né d'un homme qu'elle a aimé mais ils ne se sont pas mariés », etc. La vérité toute simple telle qu'elle est.

Il y a également dans la lettre de ce monsieur une partie de témoignage : « Je me suis séparé de ma femme et nous

Lorsque l'enfant paraît

avons mis au point un système, tant bien que mal, à savoir que nos deux enfants – actuellement sept ans et trois ans et demi – devaient vivre autant avec l'un qu'avec l'autre des deux parents, passant pratiquement autant de jours et ayant autant de repas avec l'un qu'avec l'autre, selon des rythmes variables, à quoi il faut ajouter aussi deux séjours annuels de huit jours où nous sommes ensemble avec eux, chez les grands-parents. Tout le monde m'a dit, y compris les psychologues, que ce système était mauvais, que les enfants devaient être pris en charge par un seul des membres de l'ancien couple, ne revoir l'autre qu'occasionnellement. » Et il ajoute : « Contre vents et marées, j'ai pensé que ces gens étaient tout simplement fous, qu'ils ne savaient pas ce que cela pouvait être que l'amour d'un homme ou d'une femme pour leurs enfants. » Il passe ensuite aux résultats : « Après trois années, les enfants n'ont pas l'air plus anormaux que les autres, ils marchent plutôt bien en classe. Mes relations avec eux se sont beaucoup améliorées, se sont vidées de toute agressivité, alors qu'à une époque il y en avait. Je remarque aussi que le bégaiement de mon fils a disparu depuis. »

C'est un témoignage très intéressant.

Ça vous étonne beaucoup ?

Non ; généralement, les parents ne s'entendent pas, tandis que là il semble que les parents, quoique séparés, s'entendent bien entre eux. Ils s'entendent d'ailleurs tellement bien qu'ils vont ensemble huit jours avec les enfants. C'est très rare que des parents séparés puissent passer ensemble huit jours avec les enfants. La lettre ne dit pas si ces enfants sont des garçons, ou garçon et fille, ni si chacun des parents s'est remarié. Le problème est beaucoup plus complexe quand l'un des conjoints s'est remarié, qu'il a un bébé et que l'autre, de son côté aussi, a d'autres enfants. Je crois qu'il n'y a pas de solution toute faite ; la véritable solution, c'est que les parents, responsables de la vie d'un enfant, continuent à s'entendre, pour que cet enfant, lui, vive des moments entre ses deux parents, si c'est possible, et qu'il puisse être au clair avec sa situation ; qu'il sache que ses parents, bien que divorcés, se sentent tous les deux responsables de lui. Ce monsieur a réussi quelque chose dont je le félicite. On pourrait dire que les enfants, qui vont soit chez l'un soit chez l'autre des parents, ne savent finalement plus où est leur « chez eux ». Ici, celui de sept ans, par exemple, est encore chez son père, ou chez sa mère ; il n'a pas pour l'instant tellement de devoirs à faire. Et puis, il est vrai qu'un enfant travaille mieux, fait mieux ses devoirs, quand il a son coin à lui dans un même lieu et qu'il voit son père autant qu'il en a envie, sa mère autant que c'est possible. Mais si cela peut s'arranger de cette façon-là, pourquoi pas ? L'important, c'est en effet, qu'il sente que les deux parents sont d'accord, pour qu'il vive au mieux des rythmes de sa propre vie, étant donné son âge, sa fréquentation scolaire, ses camarades ; qu'il n'y ait pas de cachotteries, de choses à dire à l'un et pas à l'autre. C'est malheureusement rare, à cause de la susceptibilité et de la rivalité des parents séparés, attachés chacun au temps qu'ils « possèdent » leurs enfants ; à cause aussi du mode différent de vie du père et de la mère divorcés.

Des questions indirectes
(Paternité, naissance, sexualité)

Voici une lettre qui vient de Suisse, d'une femme qui a adopté une petite fille. La petite vivait auparavant dans un milieu de langue allemande. La mère en question est francophone. Elle s'inquiète de savoir si l'arrivée dans un milieu francophone n'a pas choqué cette enfant. Je précise qu'elle a adopté la petite fille à l'âge de deux mois, que celle-ci en a maintenant cinq ou six. Elle a écouté attentivement ce que vous avez dit concernant le langage de l'enfant. Vous avez comparé, je crois, la mémoire de l'enfant à une sorte de bande magnétique qui enregistre tout.

C'est vrai.

Voici donc la question précise de cette mère : « Est-ce que ce que cette enfant a vécu in utero *et pendant les deux premiers mois de sa vie peut resurgir un jour ? Comment lui dire, et surtout quand lui dire, qu'elle a été adoptée ? »*

On ne dit pas l'âge qu'a l'enfant maintenant ?

Six mois.

Alors, il y a ici plusieurs questions. D'abord : à quel âge dire à un enfant qu'il est adopté ? Je crois que c'est une mauvaise question, en ce sens que cela ne doit jamais être caché. Quand la mère parle avec des amis, ses amis savent que c'est une enfant adoptée, et son père, bien sûr, le sait aussi – parce qu'il y a, je suppose, un père adoptif. Je crois que l'important, c'est que, souvent, la mère dise à la cantonade ou à ses amis : « Quelle joie pour nous d'avoir cette petite, nous qui ne pouvions pas avoir d'enfant », ou encore, « moi qui ne pouvais pas porter d'enfant ». Cela s'appelle « porter l'enfant » n'est-ce pas ? La petite entendra toujours. Et quand elle dira, comme tout enfant : « Où j'étais, moi, avant d'être née ? » – question que posent tous les enfants vers trois ans –, à ce moment-là, ce sera très simple de lui dire : « Mais, tu sais bien. Je dis toujours que, moi, je ne t'ai pas portée. Tu as eu une maman qui t'a conçue avec un monsieur qu'elle aimait, tu as poussé dans son ventre et elle t'a mise au monde. C'est ta mère de naissance. Elle t'a faite très belle, mais elle ne pouvait pas te garder. Comme elle ne pouvait pas te garder, elle a cherché un papa et une maman qui pourraient t'élever, et c'est nous qui avons été choisis », ou : « C'est nous qui cherchions un bébé qui ne pouvait pas être gardé par son papa et sa maman de naissance. » Voilà les mots qu'il faut toujours dire : « Papa et maman de naissance... » « Nous voulions adopter une fille, on nous a dit que tu étais sans tes parents et c'est comme ça que nous sommes allés te chercher. » Elle dira : « Mais où ? » On lui dira, à ce moment-là, à tel endroit, telle ville. Cette question, elle la reposera plusieurs fois dans sa vie. Chaque fois, cette vérité sera progressivement dite avec des mots qui deviennent de plus en plus conscients pour l'enfant ; lui dire toujours que « sa maman de naissance » l'a beaucoup aimée. Il faut toujours dire ça à un enfant, et surtout à une fille, car cela a des conséquences assez graves quand la fille grandit avec une mère qu'elle pressent, si elle ne le sait, stérile. Ces filles se développent avec un avenir (inconscient) de stérilité. Donc, la réponse vient toute seule : il ne faut jamais cacher la vérité. « Alors je ne suis pas comme les autres ? pourra dire un enfant. – Tu es comme nous. Nous sommes tes parents adoptifs, tu es notre enfant adoptif. Cela veut dire choisi. »

Le souci de cette mère, c'est que, « lorsque l'enfant est arrivée d'une province allemande, tous les voisins ont été au courant. Les enfants qui vont être bientôt les petits camarades de jeux... ».

Tout le monde le sait.

Tout le monde le sait et elle veut être la première à le lui dire. Donc, selon vous, on peut le lui dire très tôt.

Très tôt. Elle entendra sans doute dire « adopté » ou « adoptif ». Adoptif ? Adopté ? Elle demandera ce que veut dire ce mot, mais les parents peuvent prévenir cette « révélation » en le lui disant à l'occasion de la grossesse d'une femme de leur connaissance, d'un bébé qui naît. On le lui expliquera. Une autre chose par laquelle on peut faire comprendre à l'enfant ce qu'est l'adoption, c'est l'histoire des oiseaux : l'œuf et la poule. Une poule pond des œufs qui sont couvés par une autre poule. Qui est la vraie maman ? Il y a beaucoup de vraies mamans. Il y a la maman de naissance et il y a la maman d'éducation.

L'autre question, maintenant, sur la langue allemande. Bien sûr que cette enfant, ayant été portée en langue allemande et ayant vécu jusqu'à deux mois en cette langue, a entendu des phonèmes allemands ; ce qui demeure en son inconscient profond. Cela n'a aucune importance. Ce n'est pas nocif. La seule chose qui pourrait arriver, c'est qu'elle ait des affinités pour la langue allemande, plus tard. On dira alors : « Ce n'est pas étonnant, puisque ta maman de naissance, et peut-être aussi ton père de naissance, étaient suisses allemands. Dans le ventre de ta mère et encore deux mois après ta naissance, tu as entendu parler l'allemand. »

Prenons maintenant une lettre qui revient au même problème, des interrogations sur l'origine, par un détour. Elle pose une double question. La première : « J'ai un petit bébé, une petite fille de deux mois, qui crie régulièrement en fin d'après-midi. » Elle demande si les bébés ont besoin de pleurer ou de crier à certains moments, un petit peu comme les grandes personnes ont besoin de parler.

Je ne crois pas que les bébés aient besoin de crier, en tout cas de crier de désespoir. Les mères, elles, réalisent très bien de quel genre de cris il s'agit. Il y a des cris qui s'éteignent très rapidement, qui sont comme un petit rêve ; mais si un enfant crie toujours à la même heure, c'est qu'il a dû se passer quelque chose, à cette heure-là, dans sa vie. On ne sait plus quoi, on l'a oublié. Il faut rassurer l'enfant, le prendre dans ses bras, le bercer... Le bercement, je l'ai déjà dit, rappelle la marche de la mère, la sécurité dont il jouissait, quand il était dans son ventre.

Une question, là, que je vous pose pour ma part. Est-ce qu'un bébé (même de deux mois) a des « états d'âme » ?

Certainement. Un bébé a des états d'âme. Chaque enfant est différent ; chaque personne est différente, et cela depuis sa naissance. Il est possible que ce soit la chute du jour qui angoisse cette enfant ; on peut allumer la lumière, lui expliquer ; je pense que sa mère, en la portant à ce moment-là avec un porte-bébé ou dans une écharpe serrée contre elle, si elle a des choses à faire, pourrait la rassurer, en lui parlant. Ce n'est pas bon pour un bébé de crier tout seul, contrairement à ce qu'on entend dire des soi-disant bonnes habitudes à donner. Et puis il y a parfois des enfants qui ont faim plus à un repas qu'à un autre. Il faut chercher la raison, les aider.

La lettre ajoute : « Voilà. Lorsque j'ai eu cette enfant, mon mari en a profité pour faire un film de sa naissance... »

C'est très joli...

... et elle vous demande si on peut montrer ce film à l'enfant ? Et à quel âge ?

Pourquoi pas ? C'est-à-dire, quand les parents passent ce film... eh bien, l'enfant peut être là, sans pour cela qu'on l'y oblige, non plus qu'à regarder.

Je continue : « Est-ce qu'il faut attendre la naissance d'un autre enfant ou est-ce qu'on peut lui montrer ce film assez rapidement ?... »

Et s'il n'y a pas d'autre enfant ? Alors, elle n'aurait pas le droit de le voir ? Non, je pense que l'enfant peut être là quand on regarde ce film, si les parents font cela de temps en temps (mais je me demande ce qui les pousse à regarder souvent ce souvenir d'un jour). Et puis, quand l'enfant parlera de sa naissance (et cela viendra aussi) : « Comment j'étais quand j'étais petite ? »..., on lui montrera bien sûr des photos dans des albums. Et la mère ajoutera : « Tu sais, quand tu es née, ton père a fait un film. Le jour où tu voudras, on regardera ce film. » C'est très possible aussi (et il ne faut surtout pas que la mère s'en vexe) que l'enfant se limite à répondre « Ah bon », et qu'elle s'en aille ou dise « ça ne m'intéresse pas ». Cela ne m'étonnerait pas du tout. Cependant, un jour viendra où elle sera très intéressée par le film. Je crois que cela fait plaisir à l'être humain, adolescent ou adulte, d'assister aux films de son enfance, et pourquoi pas de sa propre naissance ?

Mais en général les enfants n'assistent à ces films que par dépendance de leur désir à celui de leurs parents. Ils s'intéressent à leur aujourd'hui, et à leur demain, pas à leur passé.

Je vous demanderai également de répondre à une lettre qui est liée à celle-ci tout en concernant un autre sujet : celui de la sexualité des enfants. Cela concerne le dialogue avec les enfants : les questions que pourrait poser cette petite fille sur sa naissance ou son adoption, un autre enfant peut les poser à propos de la sexualité. C'est une lettre qui concerne les enfants de huit à douze ans. La mère demande comment leur parler, à cet âge-là, de la vie sexuelle, où s'arrêter pour ne pas les choquer ? Doit-on attendre les questions ou doit-on les provoquer, de peur que le sujet soit abordé entre copains de classe, de façon malsaine ? Que faut-il faire si l'enfant ne pose pas de questions ?

En général, les enfants après trois, quatre ans, âge des questions directes, ne posent pas de questions, si l'on appelle « question » la question directe. Mais ils posent des questions indirectes, presque depuis le jour où ils parlent, à partir du moment où ils forment des phrases. Un type de question indirecte : « Comment ils seront, mes enfants ? – Cela dépendra (je suppose que c'est un garçon qui parlait) de la femme que tu choisiras. – Ah, bon ? Ah, oui ? » Et puis, c'est tout. On n'en dit pas plus. Il revient à la charge : « Pourquoi tu m'as dit que cela dépendra de la femme que je choisirai ? – Tu sais que tu as un papa, comme tout le monde. Tu entends parfois dire : il ressemble à son père pour ceci, il ne ressemble pas à son père pour cela. Pourquoi est-ce qu'un enfant ressemble à son père ? Parce que le père est pour autant que la mère dans la vie d'un enfant. – Ah ? » Et ça suffit. Si l'enfant ne pose pas une question plus précise, on en reste là. On a dit quelque chose sur le chemin de la vérité et, un jour, ça viendra.

Et pour la question de l'engendrement : « Où j'étais avant de naître ? – Avant de naître, tu étais dans mon ventre. » On trouve l'occasion de rencontrer une femme enceinte, pour expliquer à l'enfant qui dit : « Ah ! comme elle est grosse cette dame ! – Tu ne savais pas que les mamans portent leur bébé dedans elles avant la naissance ? Dans quelques semaines, dans quelques mois, tu verras qu'il y aura une voiture d'enfant et que la maman n'aura plus le gros ventre : il y aura un bébé dans la voiture. » Voilà une manière de dire que la mère a porté l'enfant. Chose, d'ailleurs, sans difficulté pour la plupart des mères. Il est plus difficile de répondre « Comment il est sorti ? – Par en bas, entre les jambes de sa mère, par le sexe de sa mère. Tu sais que les femmes ont un trou là. Il s'ouvre pour laisser sortir le bébé. » Ce qui est encore plus difficile aux parents, c'est de faire comprendre à l'enfant le rôle du père. C'est pour cela qu'il faut le dire d'emblée, à l'occasion d'une question indirecte, camouflée. Un enfant dira : « Tel petit camarade, il n'a pas de papa. – Tu te trompes, ce n'est pas possible. – Si, il me l'a dit. – Il se trompe, il ne le connaît

Lorsque l'enfant paraît

pas, mais il a eu un père de naissance (toujours ce mot, "père de naissance"). Il est peut-être mort. Je ne sais pas. Mais de toute façon, si sa mère n'avait pas connu d'homme, il ne serait pas né. Il a eu un père de naissance, je te l'assure et tu pourras le lui dire. Sa mère a aimé un homme, et ce monsieur lui a donné une graine d'enfant. Alors, l'enfant va dire : « Mais comment ? – Eh bien, tu demanderas à ton père. » Je crois qu'il est préférable que la mère envoie toujours l'enfant à son père, ou qu'on en parle avec père et mère, pour expliquer que les graines d'enfant se trouvent dans les sexes, autant du garçon que de la fille. « Il faut une moitié de graine de vie de femme et une moitié de graine de vie d'homme pour que leur rencontre dans le ventre d'une femme donne vie à un être humain garçon ou fille. Ce n'est ni ton père ni moi qui avons décidé de ton sexe. »

La mère dont nous lisions la lettre ajoute qu'elle n'est pas d'accord avec son mari : « Mon mari, lui, prétend qu'il faut, de toute façon, que l'enfant sache tout, et même qu'il voie tout, et que nous devons l'instruire sur le plaisir sexuel. Je ne suis pas de cet avis. »

Le plaisir, l'enfant le connaît déjà. Il ne connaît pas le plaisir avec quelqu'un d'autre, mais il connaît le plaisir du lieu génital. Le père a raison. Il faut enseigner à l'enfant que le désir sexuel donne du plaisir aux adultes dans l'union. Pour parler d'hommes et de femmes qui engendrent, ou qui sont père et mère, il faut prononcer le mot « désir » : « C'est quelque chose que tu connaîtras quand tu seras grand, avec une fille que tu aimeras beaucoup, que tu désireras. » Voilà ! C'est comme ça qu'on peut parler de l'amour, qui implique une relation corps à corps, sexuelle. Quant au plaisir que procure déjà tout jeune son sexe à l'enfant, il faut lui dire que c'est naturel, mais ne pas chercher à en être voyeur, pas plus que susciter son voyeurisme.

Vous avez parlé d'un problème posé par un petit garçon, et qu'on renvoie au père. Mais alors, que se passe-t-il s'il n'a pas de père ?

S'il n'a pas de père, c'est-à-dire pas d'homme à la maison, et qu'il s'agisse d'un garçon, je crois que la mère doit lui dire : « C'est un homme qui te l'expliquera, parce que, moi, je n'ai jamais été un homme, donc je n'ai jamais été un petit garçon. Et les problèmes que se pose un petit garçon, c'est un homme qui peut te les expliquer. » Ou chercher son médecin et lui dire : « Mon fils a posé telle question. Je me retire. Parlez ensemble, entre hommes. » Voilà comment l'explication doit se donner. Je suis contre l'explication donnée par les femmes à des garçons. Bien sûr, si le médecin de famille est une femme, elle saura parler, mais il vaudrait mieux que ce soit un homme qui le fasse. Si c'est un homme qui initie un garçon à l'amour comme accompagné de désir sexuel pour une fille ou une femme, il faut aussi qu'il parle non seulement du plaisir, mais du respect du non-désir de l'autre. Et qu'il ajoute : « Ce n'est pas possible avec ta mère ou tes sœurs. Il faudra que ce soit une fille qui n'est pas de ta famille. » Et si le garçon demande pourquoi : « Eh bien, quand tu seras grand, tu écriras un livre là-dessus. C'est très compliqué. Je ne sais pas te répondre. C'est la loi de tous les humains. » Les enfants acceptent très bien, lorsqu'ils savent que leurs parents sont soumis à cette même loi à leur égard. On peut très bien dire : « Je ne sais pas comment te répondre, car la prohibition de l'inceste n'est pas un problème simple, mais c'est comme ça, *la loi* pour les humains ; ce n'est pas la même chose pour les animaux. » Pour ma part, je crois qu'il faut aussi toujours réserver avec les enfants le terme de « mariage » à l'union sexuelle des hommes et des femmes engagés devant la loi, et ne jamais les laisser employer ce terme quand ils parlent du coït des animaux ; là, on leur donne le terme d'accouplement. On peut aussi leur parler de la procréation qui nécessite l'union sexuelle entre partenaires de sexe différent sans que l'union sexuelle s'accompagne toujours de procréation.

Je relis la lettre en vous écoutant : « Mon mari veut, de toute façon, que cet enfant sache tout et même qu'il voie tout. »

Je crois que le mari en question ne se rend pas du tout compte du danger que c'est, pour un enfant, d'assister au coït de ses propres parents, à la demande de ceux-ci. Si un jour il les surprend, tant pis pour lui. Mais si l'on s'aperçoit qu'il y a assisté, on lui dira : « Eh bien, tu sais, c'est ce que je t'avais raconté. Voilà, c'est cela que tu as vu. » A mon avis, ce monsieur se trompe en pensant que son enfant doive assister aux rapports sexuels de ses parents. Ce serait traumatisant, car la génitalité d'un être humain se construit dans la pudeur, le respect d'autrui, et la chasteté des adultes à l'égard des enfants : plus encore vis-à-vis des sensations des enfants en rapport avec une sensibilité en cours de développement. Non, non, pas de travaux pratiques incestueux avec la complicité des parents. C'est pervertissant.

Y a-t-il des mères fatiguées ?

Je vous propose maintenant des lettres de contestation...

Volontiers, c'est toujours très intéressant.

... de gens qui ne sont pas d'accord avec ce que vous dites.

Moi, je suis d'accord avec les contestations !

Une mère vous reproche de faire abstraction de la réalité sociale : « Vous oubliez, lorsque vous parlez des femmes, des mères et de leurs enfants petits, toutes les mères qui, au bout de deux, trois mois, crient : "La pouponnerie, ras l'bol !" » Et elle continue en disant que la maternité peut être aussi un enfer, qu'il faut renoncer au monde si l'on suit vos conseils, et qu'on reste un maximum de temps à la maison, pour élever l'enfant. Ensuite, elle vous demande pourquoi vous parlez aussi peu des pères.

Vous voyez, on ne peut pas plaire à tout le monde. Cette femme a eu des enfants et n'a pas découvert les joies de la maternité quand ses enfants étaient petits... ; eh bien, il y en a comme ça, c'est vrai. Peut-être y en aura-t-il moins, maintenant que la maternité peut être évitée. Ce n'était guère possible autrefois, sans que les femmes abîment leur santé. Alors, que dire à cette femme ? D'abord qu'elle n'écoute pas notre émission. Puis il est bien vrai que les difficultés sociales, les logements trop petits, font que les mères sont énervées. Toutefois, beaucoup de ces femmes qui sont éner-

Lorsque l'enfant paraît

vées et ont des petits logements, je dois dire qu'elles aiment tout de même leurs enfants et essaient au maximum – d'après toutes les lettres que nous recevons – de les élever et de les aider de leur mieux. Et c'est ce que nous cherchons ici, à notre tour. Bien sûr, nous ne pouvons pas transformer les logements ni la santé des mères surmenées. Vous savez, les enfants..., j'ai un petit peu cette idée, moi, que les enfants choisissent leurs parents et qu'ils savent très bien que leur maman, elle est comme elle est. Comme ils sont constitués des mêmes hérédités qu'elle, sa nervosité, ils la comprennent aussi. Moi, je crois que c'est un faux problème, de poser la question sociale à propos de l'amour des parents pour leurs enfants. De la séparation d'avec leurs enfants des mères qui travaillent, j'ai déjà traité ici : l'important, c'est que la mère en parle à son enfant. D'autre part, si elle *peut* rester avec son enfant, qu'elle n'en fasse pas une corvée, qu'elle ne s'enferme pas en solitaire à la maison : au contraire, qu'elle sorte tous les jours, qu'elle fréquente d'autres femmes avec leurs enfants au jardin public, qu'elle emmène son enfant voir des amis, éventuellement des amis qui ont des enfants. J'en connais à qui la seule fréquentation de leur bébé pèse, elles s'ennuient ; qu'elles s'organisent avec d'autres mères, on peut se grouper pour garder les enfants et disposer ainsi de jours de repos ; et il est préférable qu'une mère qui ne peut supporter de rester chez elle travaille et paie une gardienne, plutôt que de se déprimer.

Je crois qu'il faut tout de même répondre à la deuxième question : « Vous parlez peu des pères. Pourtant, ils pourraient aider les mères et s'occuper des enfants à cinquante pour cent. Ce ne serait pas une mauvaise chose. »

Cette femme a raison. Nous avons là-dessus à remonter des habitudes relativement récentes. Il y a beaucoup de pères qui ont des métiers qui ne leur permettent pas de s'occuper journellement des enfants. Mais, les autres, ceux qui n'osent pas, il faut leur apprendre. Lorsqu'ils peuvent le faire, ils découvrent de très grandes joies dont ils se privaient : je crois que c'est aux mères de les aider à les découvrir, ces joies. Car s'il n'est jamais trop tôt pour qu'un petit se sente en sécurité physique autant avec son père qu'avec sa mère, il faut que le père se sente, lui aussi, en sécurité avec son enfant.

Une autre mère nous écrit, un peu dans le même esprit : « Parlez-nous d'amour ! » Elle nous apporte d'abord un témoignage : « Lorsqu'on se conduit avec un enfant d'une façon extrêmement gentille, lorsqu'on le choie, le chouchoute un peu, l'embrasse, on lui demande rarement son avis. C'est souvent plus pour assouvir un besoin personnel de tendresse que pour autre chose. »

Bien sûr.

Elle enchaîne : « Moi-même, je me demande – aussi dur que ce soit à avouer – si j'ai jamais fait, vis-à-vis de mes enfants, le moindre geste d'amour. Par moments, même, je pense les détester tant il m'est difficile d'accéder à un geste gentil, à un regard complice, à la compréhension. » Et c'est là qu'elle vous demande : « Alors, parlez-nous d'amour. » C'est vrai, et il faut le dire, qu'il y a des parents qui lancent parfois : « Mes enfants, je les étranglerais... »

C'est vrai. Mais ces parents devraient comprendre que l'enfant est comme eux. L'amour humain est toujours ambivalent. Pour la mère, c'est un bonheur d'embrasser ses enfants, bien sûr... Mais, l'enfant, lui, qu'est-ce qu'il aime ? Être en sécurité, près de sa maman. Donc, parler à l'enfant, sans avoir peur de se contredire : « Tu sais, moi, je ne t'aime pas, je ne veux plus te voir. » En fait, ce n'est pas vrai. Alors il faut lui expliquer : « Je t'aime toujours » mais tu m'agaces, tu m'énerves, j'en ai marre. » L'enfant se dira : « Ah bien ! Moi aussi, je suis comme ça, quelquefois, vis-à-vis de maman. » D'ailleurs bien des enfants le disent, ce « je ne t'aime pas », à leur mère. Et ça deviendra très

Lorsque l'enfant paraît

humain entre eux. C'est cela, aimer : autre chose que du rose bonbon et des sourires faux imperturbablement « gentils ». C'est être naturel et assumer ses contradictions.

Alors dire : je ne t'aime pas, je ne t'aime plus, cela peut être une façon de parler d'amour ?

Exactement.

Une autre question, dans la même lettre, à propos du baiser que les adultes donnent aux enfants... Vous n'avez pas recommandé d'embrasser les enfants sur la bouche...

Non. Surtout quand ils ne le demandent pas. Cela peut créer une excitation sensuelle piégeante.

Cette mère nous écrit : « Mais comment font les Russes ? » parce que les Russes, les adultes – c'est bien connu – s'embrassent sur la bouche... Bon, alors, est-ce que ça ne pose pas de problèmes à leurs enfants... ?

Non, justement, puisque c'est social. Il ne s'agit pas de privautés sensuelles. Tout ce qui est social est désérotisé. Chez nous, on se donne la main ; mais il y a des pays, en Inde par exemple, où se donner la main est très inconvenant, où ça implique une intimité tactile, justement parce que ce geste n'est pas « socialisé ». Tout dépend du milieu et du pays. Avec l'enfant, il faut éviter d'avoir des privautés qui prennent une dimension érotique, dans le cadre de notre société ; cependant, si dans une société on donne communément des baisers sur la bouche, alors, le baiser sur la bouche ne veut plus rien dire. Autre chose, en revanche, impliquera l'érotisme... Eh bien, cette chose-là, du corps à corps, les parents doivent l'éviter avec leurs enfants.

Le grand, c'est un petit peu la tête et le petit, ce sont les jambes
(Frères entre eux)

Parlons d'un problème qui concerne à peu près toutes les familles : la coexistence des enfants entre eux, et aussi les rapports de certains petits diables avec leurs parents. Dans la première lettre qui vous pose cette question, il s'agit d'une maman qui a deux enfants, l'un de sept ans et demi et l'autre de quatre. Ce sont des garçons. Elle dit : « Le grand, c'est un petit peu la tête et le petit, ce sont les jambes. J'ai bien écouté un certain nombre de vos émissions. Vous avez dit qu'il était presque anormal qu'un enfant n'ait pas de jalousie vis-à-vis d'un petit frère. Or, le garçon de sept ans n'a jamais montré de jalousie. C'est un enfant qui paraît, si vous voulez, presque trop mûr pour son âge. » La question qu'elle se pose, c'est de savoir à quel moment le langage adulte, qu'on est conduit à utiliser avec cet enfant, devient tout de même trop compliqué.

Quand j'ai parlé de la jalousie, je l'ai située entre dix-huit mois et cinq ans. Or, justement, cet enfant avait à peu près cinq ans quand son frère est né. J'ai dit que ce problème de jalousie venait de l'hésitation, chez l'enfant aîné, entre deux possibilités : est-ce plus valeureux (étant donné toute l'admiration de la famille) de s'identifier à un bébé, c'est-à-dire de régresser dans son histoire, de reprendre des habitudes qu'on avait quand on était petit, ou, au contraire, de progresser et de s'identifier aux adultes ? Il semble bien que cet aîné a opté pour la deuxième solution. Il a eu une résistance, une sorte de crainte prudentielle à régresser, en voyant son petit frère ; il était en même temps capable déjà

Lorsque l'enfant paraît

– puisqu'il allait à l'école et fréquentait des enfants de son âge –, de s'identifier à son père ou aux grands garçons. Il a choisi ça ; peut-être presque trop, puisque, d'après ce que dit la mère, il se conduit et parle comme un petit adulte. Bon ! Quand les deux enfants sont ensemble, peut-être qu'on voit entre eux une très grande différence. Et c'est comme ça que l'aîné montre sa jalousie : d'une façon détournée. Avoir l'air d'être au niveau des adultes, alors qu'il ne l'est pas encore, pour qu'on ne le confonde pas avec le petit qui, lui, ne peut pas en faire autant. Je crois qu'il ne faut tout de même pas s'inquiéter pour cet aîné trop raisonnable, peut-être un peu inhibé, pas assez joueur. A la première occasion, la maman devrait faire en sorte d'accueillir des camarades de l'âge de l'aîné et un peu plus, pendant qu'elle réunira des petits amis, entre dix-huit mois et trois ans, pour son cadet. Les enfants ont toujours intérêt à être avec des enfants un peu plus jeunes et un peu plus âgés qu'eux, pas seulement du même âge.

Et pour l'autre partie de la question...

Lui parler comme un adulte ?

« Comment savoir quand il ne comprend plus les explications... ? » Ce n'est tout de même pas vieux, sept ans et demi...

Je crois qu'à sept ans et demi, l'enfant comprend toutes les explications. Le seul danger qu'il pourrait y avoir, c'est qu'il ne fasse que parler, qu'il ne fasse plus rien de ses mains ni de son corps, qu'il soit piégé dans la parole, séparé des sentiments, sensations et désirs de son âge. S'il n'avait pas aussi des mains, des bras et des jambes, il se retrouverait coupé de ses camarades. Sa maman le dit d'ailleurs : « Le petit, c'est comme les jambes. » Que l'aîné joue au foot, qu'il fasse du sport, que son père l'emmène à la piscine. Évidemment, c'est un danger quand un enfant veut être, en paroles, le compagnon des adultes, et quitte complètement ceux de sa classe d'âge, leurs jeux, leurs intérêts, pour jouer à la grande personne.

Une autre lettre pose le problème de l'attitude à prendre face à des enfants qui ont quatorze, douze et huit ans, et qui se battent beaucoup entre eux. Ils n'arrêtent pas de se battre. La mère dit qu'elle pique des crises de nerfs à cause de cela. Le père, lui, analysant les faits, en a conclu que les enfants le font exprès, pour la mettre dans tous ses états. La question : « Est-ce vrai que les enfants peuvent être assez pervers, si vous voulez, pour s'amuser de la crise de nerfs de leur mère ? »

Non, ce n'est pas du tout de la perversion. Ces enfants ne sont pas pervers. Mais c'est tellement drôle, de tirer sur une corde et que ça fasse sonner la cloche, ou de manipuler les grandes personnes comme des guignols ! J'ai l'impression que cette dame sert de guignol à ses enfants. Je suis sûre que si elle choisissait le parti, quand ils se disputent – évidemment, il faut pour ce faire qu'elle ait deux pièces ! –, de fermer la porte de la pièce où elle se trouve, de se mettre du coton dans les oreilles et puis de ne plus s'occuper de rien, en disant : « Écoutez ! s'il y a des morceaux, je vous emmènerai à l'hôpital, mais je ne veux plus m'occuper de vous », eh bien, cela se calmerait déjà. Et puis, si elle le peut, qu'elle sorte faire un tour : tout se calmera pendant son absence, en tout cas ne s'aggravera pas, et elle, se portera mieux. Mais surtout, qu'elle ne s'en mêle pas. Avec trois garçons, c'est très difficile : je crois qu'il y a intérêt que l'aîné sorte du milieu familial le plus possible, pour aller avec des plus grands, avec des enfants de son âge. Quatorze ans... vraiment, il devrait déjà avoir sa vie à lui, ses camarades, tout en revenant, bien sûr, aux repas avec ses parents, ou pour faire ses devoirs. Si l'on a la chance d'avoir une pièce où les enfants peuvent travailler tranquilles, ou s'isoler des autres quand ils le désirent, c'est bien. Il faut penser aux moyens de « défense passive », c'est-à-dire mettre un loquet, que celui qui est dans la chambre peut tirer. S'il le laisse ouvert, c'est que ça l'amuse de se disputer avec les autres. Et puis, c'est tout. Mais, au moins, on a donné à celui qui veut être tranquille la possibilité de s'isoler.

D'autre part, il y a des parents qui sont inquiets de ce qu'ils appellent des « colères ». Voici la lettre d'une mère de trois garçons, l'un de sept ans et demi, l'autre de quatre ans et demi et le troisième de deux ans. Le plus jeune, depuis qu'il sait marcher, est devenu, paraît-il, très coléreux, très exigeant, il veut absolument irriter ses frères tout au long de la journée. Cette mère vous demande quelle est l'attitude à adopter face à une colère qui prend des proportions assez considérables : « Que faut-il faire pour faire passer une colère d'enfant ? Est-ce qu'on peut tenter d'éviter les scènes en étant très conciliant ? Est-ce qu'on ne va pas l'être trop ?... »

Il faut ajouter que cet enfant se porte extrêmement bien. Et, pour être complet, que la maman ne se posait pas trop de questions, mais que ce sont les voisins qui l'ont alertée ; entendant cet enfant de deux ans piquer de grandes colères, ils sont venus la voir, pour lui dire : « Vous devriez faire attention. Cet enfant doit être malade. Il va avoir des convulsions. »

Répondons d'abord sur ce dernier point : les convulsions n'arrivent pas au cours de colères. Les colères peuvent être dramatiques chez un enfant, mais ça ne se termine pas en convulsions. Toutefois, je crois que dans cette famille, mine de rien, ce doit être le second qui porte sur les nerfs du petit, et qui s'arrange pour qu'il fasse des colères parce que lui-même, il doit encore en être jaloux... Être le second, c'est difficile comme place. Le second voudrait certainement garder une entente privilégiée avec l'aîné et isoler d'eux (ou de l'aîné) le troisième. C'est très difficile, trois garçons. Le second doit imposer, sans qu'on s'en aperçoive, au troisième une place de vraiment petit. Et ce petit est mis tout le temps en position d'infériorité par les autres, parce qu'il ne peut pas jouer avec eux. La mère pourrait arranger beaucoup de choses en s'intéressant davantage au plus jeune, non pour être « conciliante » avec lui mais pour le développer. Et puis, autre chose : ça arrive tout bonnement, que des enfants soient coléreux. Qu'elle cherche dans la famille s'il n'y a pas quelqu'un d'autre qui est aussi coléreux.

Elle le dit dans sa lettre : « Mon mari, quand il était enfant était extrêmement coléreux. »

Alors, il faut le dire à cet enfant. Il faut que ce soit le père qui le lui dise : « Quand j'étais petit, j'étais comme toi : je me mettais facilement en colère et j'ai compris que cela ne me faisait pas des amis, je me suis donné beaucoup de mal pour me vaincre. Tu y arriveras aussi. » Il peut y avoir justement intérêt à ce que le père s'occupe, lui, davantage, et sans le culpabiliser, de ce fils, puisqu'il se reconnaît en lui. Mais, bien sûr, ça gêne les voisins, les colères.

Donc, une fois de plus, si je vous ai bien comprise, devant une colère d'enfant, d'abord dialoguer, ne pas hurler plus fort que lui, ne pas essayer de le gronder.

Et encore moins se moquer de lui. Dialoguer, c'est quasiment impossible pendant la colère, lorsqu'il est déjà lancé... Mais ne pas le gronder et, non plus, ne pas gronder les plus grands de l'avoir mis en colère. Faire comme un chef d'orchestre : calmer un peu les grands, et puis que tout le monde se taise. Et si le père est là, ce ne serait pas mal qu'il transporte l'enfant dans une autre pièce et là, qu'il le calme. Ensuite, qu'ils reviennent ensemble : « Eh bien, c'est fini maintenant. Quand il sera grand, il saura maîtriser tout seul sa colère ; mais il est encore petit, c'est tout. » Et aux autres : « Ce n'est pas agréable ni commode, d'avoir cette nature-là ; je le sais, j'ai été comme lui. »

Justement : jusqu'à quel âge, selon vous, cet enfant peut-il être amené à hurler ?

Lorsque l'enfant paraît

D'abord, un enfant ne peut pas se dominer à moins d'aide affectueuse, sans danger, avant quatre ans et demi, cinq ans. L'enfant coléreux est comme une pile électrique, il a besoin de se calmer. C'est l'eau qui calme beaucoup les enfants, je l'ai déjà dit. Jouer avec l'eau autant qu'on le désire, ça amuse beaucoup et ça calme aussi ; un enfant qui a fait une colère, ou bien qui n'en a pas fait depuis longtemps, mais on sent qu'elle va venir, il y a intérêt à ce qu'il prenne un long bain agréable ou que, avec douceur, l'adulte lui passe une main éponge fraîche humide sur le visage et les mains. Les enfants ont besoin de bains, ceux-là plus que d'autres, prolongés, détendants, ou de douches agréables. Pas de douches froides, qui excitent, mais chaudes, calmantes.

Il ne faut pas non plus que cela devienne un instrument de torture ! Qu'il soit menacé de bain ou de douche chaque fois qu'il rouspète !

Il faut que ça lui fasse plaisir. Et puis, qu'il soit emmené à la piscine, il n'est pas trop jeune. Les enfants ont besoin d'eau. Et qu'il voie des enfants de son âge. Il irrite ses frères parce qu'il n'a pas d'autres compagnons.

Qu'est-ce qu'une chose vraie ?
(Le Père Noël)

J'ai là une question sur le Père Noël, tout simplement. Voilà ! C'est un père qui vous demande votre opinion sur ce mythe : « Doit-on laisser l'enfant croire au Père Noël et à la petite souris pour la perte des dents de lait, ou encore aux œufs de Pâques ? Quand des camarades d'école lui apprendront la vérité, l'explication des parents sur le symbolisme du Père Noël suffira-t-elle à compenser le désappointement de l'enfant, qui va s'apercevoir brutalement que ses parents lui ont menti ? »

Je crois que c'est là une fausse question. Les enfants ont beaucoup besoin de poésie, et les adultes aussi, puisque eux-mêmes continuent à se souhaiter la Noël, n'est-ce pas ? Qu'est-ce qu'une chose vraie ? Le Père Noël fait gagner tellement d'argent : ce n'est pas vrai ? Quand on gagne beaucoup d'argent, ça a l'air d'être une chose vraie, n'est-ce pas ? Alors, je crois que ce monsieur s'inquiète de ce que l'enfant croit au Père Noël comme si c'était mentir que de lui en parler. Mais un mythe, c'est de la poésie ; et elle a sa vérité aussi. Bien sûr qu'il ne faut pas continuer trop longtemps, ni dire que le Père Noël ne fera pas de cadeaux si l'enfant n'obéit pas aux parents, etc.

Si les parents « en rajoutent » et ont l'air de prendre cette croyance trop au sérieux, plus que l'enfant lui-même, il ne pourra plus leur dire : « Eh bien, tu sais, les camarades m'ont dit que le Père Noël n'existait pas. » C'est ce jour-là qu'il faut lui expliquer la différence entre un mythe et une personne vivante, qui est née, qui a eu des parents, une nationalité, qui a grandi, qui mourra et qui forcément, comme tous les êtres humains, habite dans une maison sur terre, pas dans les nuages.

Je vous dis tout de suite que l'auditeur en question est violemment contre les Pères Noël, notamment ceux qui se promènent dans la rue.

C'est peut-être qu'il trouve à juste titre que ces braves gens déguisés dépoétisent le vrai Père Noël, celui auquel il a cru et qu'on sait ne rencontrait pas dans la rue tout le mois de décembre, qui existait seulement la nuit de Noël. Ça l'agace. Ou c'est peut-être, au contraire, un monsieur qui n'a plus beaucoup de poésie dans le cœur. En tout cas, je ne sais pas si, vous, vous croyez encore au Père Noël, mais moi, j'y crois toujours. Je peux bien vous raconter – puisque tout le monde sait que je suis la mère de Carlos, le chanteur – que lorsque Jean (car c'est son vrai nom) était à la maternelle, il m'a dit un jour : « Mais comment ça se fait que les Pères Noël, il y en ait tant ? Il y en a des bleus... il y en a des violets... il y en a des rouges ! » On se promenait dans les rues et il y avait partout des Pères Noël. Alors, je lui ai dit : « Mais, tu sais, le Père Noël, celui-là, je le connais, c'est Untel » ; c'était l'un des employés d'une maison de jouets, ou d'une pâtisserie, qui s'était déguisé en Père Noël. « Tu vois, il s'est déguisé en Père Noël, et l'autre aussi c'est un vendeur du magasin déguisé en Père Noël. » Il m'a demandé : « Mais alors, le vrai ?... – Le vrai, il n'est que dans notre cœur. C'est comme un lutin géant qu'on imagine. Quand on est petit, on est content de penser que des lutins, ou des géants, ça peut exister. Tu sais bien que les lutins, ça n'existe pas. Les géants des contes non plus. Le Père Noël, il n'est pas né, il n'a pas eu un papa, une maman. Il n'est pas vivant ; il est vivant seulement au moment de Noël, dans le cœur de tous ceux qui veulent faire une surprise pour fêter les petits enfants. Et toutes les grandes personnes regrettent de ne plus être des petits enfants ; alors, elles aiment bien continuer à dire aux enfants : « C'est le Père Noël » ; quand on est petit, on ne sait pas faire la différence entre les choses vraies vivantes et les choses vraies qui se trouvent seulement dans le cœur. » Il écouta tout cela et me dit : « Alors, le lendemain de Noël, il ne va pas s'en aller dans son char, avec ses rennes ? Il ne va pas remonter dans les nuages ? – Non, puisqu'il est dans notre cœur. – Alors, si je mets mes souliers, il ne me donnera rien ? – Qui ne te donnera rien ? – Il n'y aura rien dans mes souliers ? – Mais si. – Mais alors, qui l'aura mis ? » Je souris. « C'est toi et papa qui y mettrez quelque chose ? – Oui, bien sûr. – Alors moi, je peux être aussi le Père Noël ? – Bien sûr, tu peux être le Père Noël. Nous allons mettre nos souliers, ton père, moi et Marie. Tu mettras des choses dedans. Et puis, toi, tu sauras que c'est toi le Père Noël pour les autres. Et moi, je dirai : Merci, Père Noël ; ce sera toi qui auras eu le merci, mais je ferai comme si je ne savais pas. Pour ton père, je ne lui dirai pas que c'est toi, ce sera une surprise aussi. » Il était enchanté, ravi, et il me dit en revenant de promenade : « – C'est maintenant... que je sais qu'il n'existe pas pour de vrai, que c'est vraiment bien, le Père Noël. »

L'imagination et la poésie enfantines ne sont ni crédulité, ni puérilité, mais de l'intelligence dans une autre dimension.

Nous mourons
parce que nous vivons

Si nous ne répondons pas à toutes les lettres, c'est parce que nous en recevons beaucoup ; d'autre part, il y a des lettres qui touchent les mêmes problèmes : nous répondons à celles qui les explicitent le mieux. J'espère qu'ainsi, les autres ont également une réponse. Comme je le disais au début, ce n'est pas une réponse qui ferme la question, ni la seule possible. Moi-même, je n'ai quelquefois que des opinions, une certaine façon d'être avec les enfants. C'est pour cela que j'aime les lettres de « contestation » ; il y a des mères qui nous écrivent : « Moi, je fais autrement et ça marche très bien. » C'est toujours très intéressant, parce que c'est un autre type de mère qui se tire autrement que je n'y aurais pensé des mêmes difficultés ; car, il faut le dire, les enfants nous posent des questions profondes sur nous-mêmes. Nous avons tendance à trouver la solution tout simplement dans ce que nos parents ont fait pour nous, ou dans le contraire de ce qu'ils ont fait. C'est généralement ainsi que ça commence ; alors qu'il faut arriver à étudier chaque enfant, et découvrir la nature qui est la sienne, et l'aider au mieux à dépasser sa difficulté.

Une lettre dont le thème concerne tout le monde : la mort. Comment en parler aux enfants ? Notre correspondante habite à la campagne : « Ces enfants voient les animaux mourir et ils sont amenés à poser beaucoup de questions. »

Il y a une très jolie formule dans cette lettre : « Comment leur dire pourquoi on meurt ? » Mais, nous mourons parce que nous vivons, et tout ce qui vit meurt. Toute créature vivante est, depuis le jour de sa naissance, dans un itinéraire qui la conduit à la mort. D'ailleurs, nous n'avons pas d'autres définitions de la vie que par la mort, et de la mort que par la vie. Donc, la vie fait partie intégrante d'un être vivant comme la mort. La mort fait partie du destin même d'un être vivant. Et les enfants le savent très bien.

« Ils voient les animaux mourir... » Mais ce n'est pas du tout la même chose, la mort des animaux ! Et c'est d'ailleurs une chose qu'il faut dire assez vite aux enfants, parce que les animaux n'ont pas de parole et n'ont pas d'histoire. L'histoire des animaux domestiques est mêlée à la vie de la famille, mais les animaux, n'ayant pas d'histoire, n'ont pas de descendants qui puissent se souvenir de leur vie, comme les petits humains se souviennent de la vie de leurs parents. Nous savons bien que les personnes les plus âgées, avant de mourir, retournent à leurs souvenirs d'enfance et appellent encore leur maman. Nous, nous avons une histoire. Notre corps est étroitement lié aux paroles que nous avons reçues de nos parents. C'est pour cela qu'il est très important de répondre aux enfants sur la mort, et de ne pas mettre un voile de silence sur ce sujet.

A quel âge les enfants commencent-ils à aborder ce problème ?

Ils l'abordent en même temps qu'ils abordent la différence sexuelle, par des questions indirectes : « Est-ce que tu vas mourir vieille ? » par exemple, ou : « Tu es déjà très vieille ? – Très vieille ? Non ! Pas autant que telle ou telle personne, mais je suis assez vieille, c'est vrai. – Eh bien, alors, tu vas bientôt mourir ? – Je ne sais pas. Nous ne savons pas quand nous allons mourir. » Là-dessus, on peut très bien – les enfants entendent parler des accidents de la route, par exemple – dire : « Eh bien, ces gens ne savaient pas, quand ils sont partis en vacances, qu'ils allaient mourir une heure après. Tu vois, personne ne sait quand il va mourir. » La conclusion d'un tel propos, c'est de dire : « Vivons bien tous les moments de notre vie. »

Il y a aussi la question posée dans des familles où l'on est croyant. Il y a des croyances de survie, il y a des croyances de métempsycose. Nous ne savons rien. Ce sont là des réponses de l'imagination des humains, qui ne peuvent pas « penser » la mort. Un être vivant ne peut pas penser sa propre mort. Il sait qu'il mourra, mais sa mort, c'est quelque chose d'absurde, quelque chose de pas pensable. La naissance..., nous n'assistons pas à notre naissance, ce sont les autres qui y assistent. Et notre mort aussi, ce sont les autres qui y assistent. Nous – si j'ose dire – nous vivons notre mort, mais nous n'y assistons pas : nous l'accomplissons.

Les enfants, eux, questionnent sans angoisse à propos de la mort jusqu'aux environs de sept ans. Ils commencent à se poser la question vers trois ans, et je le répète, sans angoisse. Il faut leur parler de la mort, justement. Et, d'ailleurs, ils la voient. Il y a des gens qui meurent autour d'eux, des enfants qui meurent autour d'eux. Je crois qu'on peut toujours répondre à un enfant :

« Nous mourrons quand nous aurons fini de vivre. » C'est drôle à dire, mais c'est vrai. Vous n'avez pas idée de ce que cette parole rassure un enfant. Lui dire : « Sois tranquille. Tu ne mourras que quand tu auras fini de vivre. – Mais je n'ai pas fini de vivre ! – Eh bien ! puisque tu vois que tu n'as pas fini de vivre, tu vois que tu es bien vivant. » Mon petit garçon avait entendu parler de la bombe atomique. Il revient de l'école et me dit : « C'est vrai, la bombe atomique ? C'est vrai que tout Paris peut disparaître ?... – Mais oui, oui. C'est vrai tout ça. – Mais alors, ça peut arriver avant déjeuner ? après déjeuner ? (Il avait trois ans.) – Mais oui, ça pourrait... si on était en guerre, mais nous ne sommes plus en guerre maintenant. – Et puis, si ça arrivait, même si l'on n'est pas en guerre ? – Eh bien, tu vois, nous n'y serions plus. – Ah ! ben alors, je préfère que ça arrive après déjeuner. » J'ai répondu : « Tu as bien raison. » Et c'était fini. Vous voyez : il y avait un petit moment d'angoisse : « Est-ce que ça va arriver avant déjeuner ? » Il avait justement très faim et nous allions bientôt manger. L'enfant est dans l'actuel tout le temps. Ce qu'il dit, c'est dans l'instant. Si quelqu'un de la famille meurt, il est important de ne jamais priver un enfant de la nouvelle de cette mort. Il perçoit l'expression changée des visages familiers. Ce serait grave, étant donné qu'il aimait cette personne et qu'il est inquiet de son absence, qu'il n'ose même pas poser la question. En même temps, ne pas le lui dire, c'est le traiter comme un chat ou un chien, l'exclure de la communauté des êtres parlants.

Souvent, on ment aux enfants sur ce sujet-là. On parle de voyage lointain, d'une maladie qui s'avère interminable et dont personne ne donne plus de nouvelles. La situation devient insolite, étouffante.

J'ai vu... on m'a amené des enfants en consultation, des enfants qui s'étaient dégradés au point de vue scolaire depuis une certaine date... On cherchait ce qui s'était passé. Eh bien, c'était depuis la mort du grand-père, ou depuis la mort de la grand-mère, de laquelle on ne leur avait pas parlé. Quand l'enfant demandait à la voir : « Tu sais, elle est partie à l'hôpital, elle est très malade. » Et puis, c'est tout. On fuyait, on changeait de conversation. Eh bien, ce petit, il fallait seulement lui expliquer que sa grand-mère était morte et l'emmener au cimetière pour voir où vont les corps des gens qui sont morts. Lui parler du cœur qui aime qui, lui, n'est pas mort, tant qu'il y a des gens qui se souviennent de ceux qu'ils ont aimés. C'est la seule manière de répondre à un enfant.

Ce serait très bien qu'à l'occasion du 1er Novembre, les familles fassent un tour dans les cimetières, si beaux à ce moment-là, et puis qu'on réponde à toutes les questions des enfants qui déchiffreront les noms sur les tombes, les dates... Ça leur semblera très lointain, il y aura beaucoup de réflexions. Après, ce sera très gai. Qu'on fasse un bon petit goûter, après, et qu'on dise : « Eh bien, nous, on est bien vivants pour l'instant. »

Vous avez dit tout à l'heure que la mort d'un animal, ce n'est pas la même chose que la mort d'un être humain.

Je voulais dire la mort d'un animal qu'on tue pour la boucherie.

Moi-même, je n'ai jamais pu retrouver de souvenirs datant de l'âge de deux ou trois ans autres que celui d'un petit drame de mon enfance. J'avais un petit canard, un canard que quelqu'un avait gagné à la loterie et qu'on m'avait donné. Je jouais avec ce canard tous les jours, dans une cour. Et puis, j'avais décidé que sa maison était dans une caisse. Cette caisse était inclinée contre un mur. Un jour, le canard a dû passer trop près de la caisse, laquelle lui est tombée dessus, et il est mort. Ça m'a affligé beaucoup. C'est le souvenir d'enfance qui remonte le plus loin pour moi. Je pense donc que la mort d'un animal peut être extrêmement importante pour un enfant.

Mais cela touche le problème de la mort de tous ceux que nous aimons. Quand cet être vivant meurt, c'est tout un pan de notre vie, de notre sensibilité, qu'on ne retrouvera plus. Vous avez souffert de la mort de ce petit canard, d'abord parce que vous pouviez vous croire coupable, par négligence ; la mort nous rend coupables. C'est curieux, en fait, parce qu'il n'y a rien de mal à mourir, puisque nous devons tous mourir. Mais quand nous y sommes pour quelque chose, alors nous nous faisons reproche d'avoir atteint en quelque sorte à ce qui était si doux et si bon, agréable et vivant, dans le lien avec l'autre, lien qui a été brisé. Je crois, en effet, qu'il ne faut jamais se moquer d'un enfant qui pleure son chat, son chien, son petit canard. Pas plus qu'il ne faut se moquer d'un enfant qui garde les morceaux d'une poupée ou d'un nounours délabré... L'enfant ne fait pas la différence. Tout ce qu'il aime est vivant. Bien sûr, d'une vie différente. Alors, il ne faut pas jeter les morceaux d'un objet qu'un enfant a aimé. Quand un petit canard, un petit chat ou un petit chien meurt, les enfants aiment l'enterrer, c'est-à-dire donner à cette créature un rite de deuil. Tous les humains acceptent la mort à travers un rite de deuil. Et pourquoi pas ? Respecter cette manière qu'a l'enfant de surmonter le mystère, car c'est pour nous un mystère, pas plus d'ailleurs la mort que la vie.

C'est le bébé qui crée la maman
(Nourritures)

Une lettre concerne le problème de l'allaitement. Cette femme est enceinte actuellement et vous demande de parler des avantages et des inconvénients de l'allaitement maternel. Il faut dire, en élargissant la question, que dans certaines maternités, il y a presque une sorte de terrorisme de l'allaitement : il faut allaiter ! Il y a beaucoup de femmes qui s'en font de gros problèmes, parce qu'elles s'aperçoivent rapidement qu'elles ne pourront pas le faire.

Il y a aussi le contraire, à savoir : certaines cliniques et certains hôpitaux communiquent aux femmes qui voudraient allaiter une espèce d'angoisse : « Ah ! mais vous ne serez jamais libres si vous allaitez. » Je crois que chaque femme va réagir selon la façon dont elle-même a été maternée : si sa propre mère l'a nourrie au sein, ou bien si elle a regretté de ne pas l'avoir nourrie au sein... J'ai vu des mères qui n'avaient pas de lait et qui voulaient absolument allaiter, alors que, visiblement, l'enfant n'obtenait pas ce qu'il lui fallait. Que les mères évitent sur ce sujet les idées *a priori* ; qu'elles attendent l'arrivée du bébé. C'est le bébé qui crée la maman. Avant, elle peut dire tout ce qu'elle veut : « Je ferai ceci, je ferai cela. » Le bébé est là : elle change complètement d'avis. Alors..., qu'elle ne pose pas de questions avant son arrivée. Vivons au jour le jour les joies et les peines de la vie, sans nous faire des programmes.

Mais, il y a un petit instant, vous disiez que cela peut venir de problèmes que la mère a eus avec sa mère à elle, dans son enfance... On m'a dit que vous aviez une petite anecdote à ce sujet...

Elle serait un peu longue à raconter!... C'est bien celle de la maman qui avait accouché pendant la guerre? Elle est extraordinaire, cette histoire. Moi-même, qui étais à l'époque en formation psychanalytique, je n'en suis pas revenue. Ça se passait à l'hôpital où j'étais, à ce moment-là, externe. A la salle de garde, l'interne nous dit : « Nous avons une femme qui a accouché, qui est superbe et a une montée de lait formidable, on va pouvoir en nourrir trois... » Pendant la guerre, on manquait de lait. Là-dessus, le lendemain : « Vous ne savez pas ce qui s'est passé? Eh bien, elle a nourri son bébé une fois, et puis, le lait, complètement coupé... » Personne n'y comprenait rien. Moi, j'ai dit : « Il faut parler avec cette femme. Il se peut que sa mère ne l'ait pas nourrie au sein et qu'en sentant le bébé à son sein, une sorte de culpabilité profonde soit remontée en elle. » Naturellement, rire général dans la salle de garde... C'est ça, les idées des psychanalystes! Quelques jours passent – j'allais là deux fois par semaine : je suis accueillie par des hurlements avec une haie d'honneur... On me dit : « Vous ne savez pas ce qui s'est passé? – Non, je ne sais pas. – Eh bien, le lait est revenu. – Ah! – J'ai raconté toute l'histoire ainsi que votre idée, dit l'interne de la maternité, à la surveillante. Et la surveillante a parlé avec cette maman qui s'est mise à sangloter en disant qu'elle avait été abandonnée et n'avait jamais connu sa mère. La surveillante a eu la présence d'esprit que n'ont pas eue les autres... ; elle a materné cette jeune maman, a été douce et affectueuse avec elle, lui disant : "Vous, vous êtes faite pour être une bonne maman et vous garderez votre bébé." Et elle a ajouté : "Je vais vous le donner, moi, le biberon que votre maman ne vous a pas donné." Et après avoir placé le nourrisson entre les bras de la mère, elle a donné, elle, à la mère, un biberon en la prenant dans ses bras avec tendresse. Le lait est revenu peu de temps après. » C'est une histoire vraie.

Une question précise maintenant sur l'alimentation des enfants. La mère est d'origine vietnamienne : « Mon fils est très difficile ; à sept ans presque, il ne se nourrit que de riz, de pâtes, de viande de bœuf, de pommes de terre, à l'exception de tout autre légume. Il refuse les légumes verts. Pour les fruits, il n'accepte que les oranges, les bananes ou les pommes. Moi, j'essaie d'introduire beaucoup de variété dans les menus, mais l'enfant refuse de manger ce qu'il n'a pas choisi. Est-ce que cela ne risque pas de compromettre sa croissance ? » Cette mère ajoute qu'elle ne fait pratiquement pas de cuisine vietnamienne et que, de toute façon, l'enfant la refuse ; lorsqu'il allait à la cantine, il acceptait de manger à peu près tout ; mais il a demandé lui-même à revenir manger chez ses parents.

Cet enfant mange une nourriture tout à fait suffisante pour lui. Il ne mange pas de légumes verts, mais il mange des pommes, des oranges, des bananes... Je ne crois pas qu'il y ait quoi que ce soit d'inquiétant dans cette histoire. Le plus inquiétant, c'est que la mère s'en inquiète.

Alors, qu'elle se rassure ?

Qu'elle se rassure. Je pense qu'il se comporte comme ça pour faire marcher sa mère. Qu'elle ne s'en tracasse plus. Qu'elle fasse, pour elle et son mari, des petits plats qu'ils mangeront tous les deux. A lui, qu'elle fasse ce qu'il demande, toujours la même chose. Et quand il verra qu'ils se réjouissent d'un petit plat, au bout d'un certain temps, il en mangera aussi, surtout si sa mère ne s'inquiète plus du tout et le laisse véritablement choisir et manger ce qu'il veut.

Encore un moment à la maison
(Ici l'école et là la publicité)

Il ne faut pas oublier toutes celles ou tous ceux – très nombreux – qui nous écrivent simplement pour nous envoyer, comme ça, un petit mot d'encouragement et pour nous dire : « Tout va bien chez nous. »

Justement, là, il y a la lettre d'une femme qui a deux fils, de six et trois ans, et qui nous remercie de dédramatiser des situations assez courantes, tout en nous disant combien la vie de famille apporte chez elle de joies, malgré les mille et un problèmes que posent les enfants ; on arrive à les résoudre, parce qu'on est une famille grande et unie. Elle nous écrit également que, selon elle, les psychologues compliquent la vie de famille.

Nous tentons, nous, de ne pas trop compliquer les choses, mais plutôt de les débrouiller.
Voici une sorte de lettre-plaidoyer concernant l'école et la maison. Institutrice de maternelle, la mère est actuellement en disponibilité ; elle a deux jumeaux, à la maison, qui ont dix-neuf mois : « Dès que les enfants commencent à avoir entre quinze et dix-huit mois, tout le monde se met à les regarder en disant : "Il faut qu'ils aillent bientôt à l'école, il ne faut pas qu'ils restent trop longtemps à la maison." Mais moi, j'aurais plutôt envie de les garder encore un moment à la maison. Et puis, si je leur faisais l'école moi-même ? Est-ce que ce serait grave ? On vit bien soixante-dix ans, à peu près. Alors, pourquoi ne pas essayer de garder ses enfants cinq ou six ans à la maison ?... » De plus, elle vous demande : « Comment organiser cette école à la maison ? »

Elle a tout à fait raison, cette femme, si les parents peuvent garder les enfants jusqu'à l'âge de ce qu'on appelle actuellement « la grande école », et que les enfants arrivent à cette grande école en étant véritablement « socialisés » : c'est-à-dire connaissant des petits camarades, sachant jouer seuls et avec d'autres, sachant être séparés des parents, et surtout habiles de leurs mains, de leur corps et de la parole, sachant à la fois s'amuser et être stables ; car c'est ça, le sens de l'école. Seulement, il y a une chose encore ici : ce sont *des* jumeaux. Vous avez dit *deux* – on dit toujours *deux* jumeaux. Ce sont *des* jumeaux, ils sont très jeunes. Certainement, ils ont besoin, assez tôt, de vie sociale. Quand les parents ne peuvent pas donner à leurs enfants une vie sociale de deux ou trois heures par jour, dans un jardin public ou entre mères qui s'arrangent pour grouper leurs enfants, je crois que c'est mauvais. Et ce manque de vie sociale entre enfants, c'est à quoi pallie l'école maternelle. Si quelque part, il y a plusieurs enfants, il ne faut pas hésiter à les grouper en « pseudo-classes maternelles », de trois à quatre petits.

De la même mère une autre question : « Dans ce cas-là, si c'est bien pour mes enfants, qu'est-ce qu'il faut faire ? Est-ce qu'il faut organiser des horaires, comme à l'école, c'est-à-dire leur donner des habitudes, faire une petite maternelle, ou faut-il les occuper au gré de leur humeur ? »

A partir de trois ou quatre ans, suivant les enfants, il est bon de les habituer à se stabiliser sur une tâche. Vingt minutes par-ci, vingt par-là, pendant le courant de la matinée. Choisir des objets que l'enfant groupera lui-même : « Tu vas essayer de les peindre, ou faire du piquage, ou des collages... » Je crois qu'il est bon que l'enfant ne le fasse pas d'une façon seulement ludique ; qu'il fasse quelque chose qui l'intéresse, mais d'une façon régie par une discipline d'horaire et de lieu. Pas n'importe où, pas dans la cuisine un jour, dans la chambre un autre jour. Voilà ! Un même endroit, où l'on a toutes ses petites affaires et où l'on s'habitue à les ranger dans une boîte – celle des affaires dites « de l'école ».

La fin de cette lettre : « Malgré ce plaidoyer, si je sentais que je devais gêner en quoi que ce soit l'épanouissement de mes enfants par mon projet, je n'hésiterais pas un seul instant à y renoncer. » Alors, peut-on la tranquilliser ?

Absolument.

Qu'elle n'y renonce pas ?

Qu'elle n'y renonce pas, malgré les petites difficultés pécuniaires que ça entraîne, d'après ce qu'elle dit.

Une autre lettre, assez brève celle-ci : « Nous avons un petit garçon de trois mois. Cet enfant est très vif, très gai. Il est même, paraît-il, en avance pour son âge. Nous avons décidé, avec mon mari, que j'allais m'arrêter de travailler jusqu'à ce qu'il ait environ deux ans, ce qui va me permettre de m'occuper de lui et de continuer notamment à l'allaiter. Cependant, cela va nous poser de petits problèmes financiers si je ne travaille pas. Alors, nous avons pensé à les résoudre, ces problèmes financiers, pour une petite part en tout cas, en faisant poser le bébé pour des photos publicitaires. » Elle vous demande ce que vous en pensez, et, surtout, si cela peut être nuisible pour un bébé, d'être, disons, « utilisé » si tôt, pour gagner sa croûte. Sinon, si vous êtes d'accord, jusqu'à quel âge peut-on faire faire ce genre de travail à un enfant jeune, sans risquer de se retrouver avec un petit cabotin à la maison ?

Il y a une question d'abord : si cet enfant « nourrit », se nourrit et nourrit sa famille, tout petit, je crois que, à quelque inconvénient, on pourrait pallier en mettant, chaque fois qu'il aura gagné un cachet, une part – mais une bonne part, mettons dix à quinze pour cent, peut-être même *fifty-fifty* – sur un livret de caisse d'épargne de l'enfant. Ainsi, quand il sera grand, et qu'il le saura, il sera très fier d'avoir aidé sa famille et d'avoir permis à sa maman de rester avec lui. Sinon, il sentira avoir été un peu « exploité ».

Jusqu'à quel âge ? Certainement, trois ans est un âge difficile à dépasser pour un travail de mannequin, une sorte de petit exhibitionnisme passif ; alors, qu'on fasse attention. Une photo de temps en temps, mais ne pas créer un système de rentabilité par ce moyen au-delà de deux ans, deux ans et demi.

Il n'y a pas de « doit parler »
(Paroles et baisers)

Voici une mère dont la fille de dix-huit mois a toujours été un bébé facile à élever, qui dormait bien, mangeait bien, souriait beaucoup, enfin... une enfant parfaitement heureuse ; depuis les vacances, elle a complètement changé. Pendant trois semaines, la mère est allée en France avec l'enfant, et elles ont fait une sorte de tour de la famille, avec des étapes d'un jour ou deux : beaucoup de kilomètres, presque quatre mille en très peu de temps. Depuis le retour de ces vacances, la petite fille ne supporte plus d'aller dans les bras d'une personne autre que son père ou sa mère. Elle pleure pour rien. Si sa mère lui demande, lorsqu'elle passe l'aspirateur, de pousser une chaise ou un petit bureau, l'enfant refuse et se met à hurler. La mère s'interroge sur la signification de ce changement d'attitude. Elle précise aussi, à la fin de sa lettre, qu'il y aura bientôt (au mois de février) un petit frère...

Cette dernière phrase est très importante parce que, si ce bébé doit naître en février, cela veut dire qu'il était en route au mois de juillet. Or, le tournant s'est passé au mois de juillet. Cette fillette avait donc six mois à ce moment-là et elle passait deux épreuves importantes en même temps : changer de cadre, voir beaucoup de personnes nouvelles et, surtout, sentir – car les bébés sentent – que sa maman était enceinte. J'ai connu une femme, qui a eu beaucoup d'enfants, qui me disait : « Je m'apercevais toujours que j'étais enceinte – parce qu'elle nourrissait, et il n'y avait donc pas d'autres signes de sa grossesse – aux réactions du dernier. Celui-là régressait, voulait toujours être dans mes bras,

Lorsque l'enfant paraît

braillait dès que je lui demandais quelque chose... Me voilà enceinte à nouveau, pensais-je, et c'était vrai. » Alors, notre petite a senti ça. D'autre part, dix-huit mois, c'est un âge où on accapare énormément la mère. Il faudrait que la mère passe beaucoup de temps, qu'elle manipule beaucoup d'objets en parlant avec cette enfant, qu'elle joue à des tas de choses. Il faut qu'elle explique aussi à sa petite fille qu'elle souffre parce que sa mère va avoir un bébé et que ce bébé n'est pas pour lui faire plaisir à elle, mais parce que sa mère et son père ont décidé d'avoir un autre enfant; lui expliquer également qu'en ce moment ça lui fait de la peine mais qu'elle en sera très contente, plus tard.

Une autre lettre concerne un petit garçon de dix-sept mois, enfant unique, qui a des difficultés de propreté, pour le pipi surtout : « Nous, les jeunes mamans, nous sommes souvent désorientées par les manuels, les conseils, les idées toutes faites pour élever un bébé. Mon enfant, à dix-sept mois, ne parle pas. A quel âge est-ce qu'un enfant doit parler ? »

Il n'y a pas de « doit parler ». Mais, pour qu'un enfant parle à l'âge où il aura à parler, il faut qu'on sente que, lorsqu'on lui parle, il est vivant, il vous regarde, il fait des mimiques et que de son côté, il cherche les contacts, veut se faire comprendre. Et puis, surtout, l'enfant ne parle pas facilement quand il est le seul interlocuteur de sa mère ou de son père. Un enfant apprend le langage parlé en voyant sa mère parler de lui, ou pour lui, à son père, l'introduisant dans la conversation lorsqu'elle parle de quelque chose. L'enfant doit parler à d'autres personnes aussi : parler, pour un enfant, c'est apporter ses joujoux et d'autres choses similaires. Il ne faut pas lui dire : « Tu nous déranges », mais : « Tu peux écouter ce que nous disons. »

Je crois que cette dame, quand elle écrit langage, pense aux mots du langage parlé.

Mais oui, mais le langage de mots ne vient sainement que lorsque l'enfant a quelque chose à dire. Or, il dit beaucoup de choses, fait comprendre beaucoup de demandes, avant même de parler. Que cette mère ne s'inquiète pas pour la parole. Un garçon parle généralement plus tard qu'une fille. On le sait. Les filles ont généralement la langue bien pendue, parce que, justement, elles n'ont pas de zizi. Il faut bien qu'on les remarque par autre chose.

Je n'aurais pas pensé à ça.

C'est pourtant ça. Les garçons parlent plus tard. Parfois, les aînés parlent plus tôt, parce qu'ils ont très envie de s'introduire en tiers dans la conversation du père et de la mère. Mais le second, il n'est pas pressé ; c'est le premier qui parle pour lui, chaque fois qu'il a besoin de dire quelque chose. Dix-sept mois, pour un garçon, c'est très tôt. Je dois dire que la mère ferait bien mieux d'essayer d'avoir des échanges avec son fils, des échanges manuels, des observations d'objets manipulés, des jeux parlés avec ses ours en peluche, plutôt que : « Sus au pipi ! Sus au caca ! » Dix-sept mois, c'est un peu trop tôt pour le siège. Au contraire, ce n'est pas trop tôt pour l'adresse manuelle, les empilages de cubes, les jeux de balles, et les jeux de bouche : faire des bulles, chanter avec rythme : « Broubroubrou », des tas de bruitages. Que la maman joue à des bruitages, chante des chansons, c'est la meilleure manière d'enseigner à parler à un enfant.

La mère ajoute que ce petit bébé est très affectueux, très bien entouré, par elle-même et par son mari, et qu'ayant l'habitude de cette affection dans sa famille, lorsqu'il rencontre d'autres enfants, ou même des animaux, il a tendance à être très, très affectueux. Alors, elle nous dit : « Une de mes amies, qui a un bébé de quatorze mois et demi, et que mon fils embrasse, cajole, etc., reproche à mon fils d'être casse-pieds, d'être trop collant. Est-ce qu'on peut faire quelque chose à cela ? »

Lorsque l'enfant paraît

C'est peut-être vrai, je ne sais pas. Cela irait assez avec le fait qu'il ne parle pas. Quand les enfants ne parlent pas, ils ont tendance, avec les bras et la bouche, à faire du corps à corps, c'est-à-dire à embrasser. Il est probable que cet enfant a été un peu trop cajolé, embrassé. J'en profite pour dire aux mamans que c'est bien agréable pour elles d'embrasser la chair du bébé – c'est si doux –, mais les petits enfants, avant deux ans, deux ans et demi, confondent embrasser avec un peu de cannibalisme. Et, au lieu d'aimer en parlant, en coopérant dans l'agir, dans le jeu avec des objets, ils aiment au corps à corps. Je crois que ce petit en est là, en ce moment. Je crois que, lorsque l'autre enfant est là, il faut lui dire : « Tu sais qu'il est petit. Il va croire que tu le manges. Peut-être que, toi aussi, tu crois que grand-mère, ta tante, moi, quand nous t'embrassons, nous te mangeons... Eh bien ! défends-toi. Tu vois, lui, il veut se défendre, et sa maman le défend parce que lui, il n'aime pas ça. » Il ne faut pas qu'il continue. Ce n'est pas bon, ni pour le petit, ni pour lui, de jouer comme ça à des embrassades « suce la pomme » tout le temps. Dix-sept mois, c'est l'âge moteur, acrobate et déménageur, l'âge du jeu de balle, l'âge du touche à tout, un tout bien plus intéressant que les personnes.

Bref, ce petit fait sans doute à un plus petit ce qu'on lui a fait et lui fait encore, et qu'il a subi. Il a été un objet pour son entourage. Manipulé, embrassé, cajolé, quand il aurait dû être associé à la vie des adultes par le langage et l'agir en coopération. Ceux qu'on élève en nounours ou en jeune chiot, se croient tels : et en grandissant, ils agressent.

Il sera artiste

Lorsqu'on a un enfant, on souhaite bien sûr qu'il aille « le plus loin possible », comme on dit, et, pourquoi pas, qu'il devienne artiste, par exemple. Une mère qui a trois filles (neuf, sept et six ans), nous écrit à propos de l'aînée et de la plus jeune, qui manifestent des dispositions assez extraordinaires pour le dessin. L'aînée, dit-elle, déjà quand elle était toute petite (dix-huit mois), aimait beaucoup dessiner. C'est d'ailleurs devenu, avec sa poupée, presque son unique occupation. Ses dessins sont toujours de la même inspiration : des princesses, des fées, avec des robes très longues, remplies de broderies, de motifs extrêmement géométriques et très précis, un petit peu étonnants pour une enfant de cet âge. Par contre, à l'école, c'est une élève moyenne et qui a même quelques petites difficultés. La plus petite – qui a six ans, est très calme et s'entend très bien avec les deux autres – fait des dessins aux couleurs très vives, qui sont souvent, dit la mère, sans rapport avec la réalité : elle semble voir les objets dans ses couleurs à elle : « Par exemple, un énorme soleil avec de beaux rayons rouges ou orange, très vifs. » La question : « Y a-t-il des choses à déduire de ces dessins ? » Autrement dit, est-ce qu'il faut expliquer les dessins des enfants ?

Surtout pas. En revanche, je crois que ce qui peut intéresser l'enfant, c'est de parler ses dessins. S'il ne les montre pas, il ne faut pas en faire grand cas. Mais si l'enfant vient montrer à sa mère ses dessins, qu'elle ne dise pas béatement : « Il est très beau » sans plus. Elle doit le faire parler de ce qui est représenté, de l'histoire qu'il y aurait là-dedans : « Et encore ?... Et là ?... Par exemple là ? et là ? Qu'est-ce que c'est ? Ah, oui ! Eh bien, tu vois, je n'aurais pas vu que c'était ça. » Qu'on parle autour de ces dessins. C'est cela qui est intéressant pour l'enfant, et non pas qu'il soit admiré. L'enfant dont on admire les dessins peut être porté à se répéter, comme il semble que ce soit ici le cas pour l'aînée. Peut-être cette aînée a-t-elle voulu intéresser sa maman au moment de la naissance des deux autres. C'est peut-être la raison pour laquelle elle s'adapte moins bien à l'école. C'est difficile pour elle : il lui faut toujours, par son activité, intéresser maman. Je crois que ce serait bien à présent que sa mère l'aide, en inventant, par exemple, un jeu de découpage des dessins, si l'enfant veut bien, certes ; que ses fées, ses princesses, et tout ça, soient placées dans certains cadres : des châteaux, des routes, et puis, qu'il se passe des histoires entre ces personnages. Ça animera l'enfant et ça l'aidera à s'activer à l'école.

Quant à la petite, qui a le sens des couleurs..., on voit de plus en plus d'enfants qui ont le sens des couleurs. Je me demande si ce n'est pas la télévision en couleurs, ou bien tous les magazines pleins de couleurs ; lorsque nous étions enfants, il n'y avait pas tout ça.

Tous les enfants ont une période « artistique » de dessin ; tous ont aussi une période « artistique » musicale. Il est bien de développer ce goût à l'époque où ça intéresse l'enfant. Pour ce, il ne faut pas que l'adulte cherche à expliquer le dessin, mais à en faire parler l'enfant.

Je pense que cette question est posée parce qu'on sait que vous êtes psychanalyste : les psychanalystes ont la réputation de trouver quelquefois des explications assez étonnantes...

Ce ne sont pas des « explications ». Tout simplement, l'enfant *s'exprime* par le dessin ; et ce dessin c'est l'enfant encore qui, le jour venu, le traduit en paroles.

Ce n'est pas la peine de les disséquer, en tout cas.

Surtout pas. C'est d'ailleurs pour ça que je n'ai jamais écrit sur les dessins d'enfants et sur leur interprétation. Un enfant qui n'arrive pas à s'exprimer en paroles, peut s'exprimer en dessins. Et puis, il faut savoir qu'il y a des enfants qui cessent le dessin, justement parce que les parents sont à l'affût de ce qu'ils veulent y dire. Car les enfants, lorsqu'ils s'expriment seulement par un dessin avec un psychanalyste, c'est précisément parce que ce dessin est *leur secret*, et qu'ils veulent encore le garder. D'ailleurs, il y a également d'autres choses : on peut fabriquer des marionnettes, on peut jouer avec la parole, avec des sons, on peut également jouer avec le modelage. Une enfant qui ne fait que dessiner voit très souvent le monde en deux dimensions ; c'est un peu, dans notre cas, ce que fait l'aînée. En revanche, le modelage, même très mal fait – parce qu'il représente des personnages qui jouent entre eux – est très vivant. C'est là tout ce qu'on ne peut pas faire à l'école. A partir du moment où l'on apprend les signes, où l'on écrit, où l'on fait des dessins pour l'école, ça devient « du scolaire », tandis que tout ce qu'on fait à la maison, c'est *de l'expression* qui peut, si la mère est disponible, amorcer des échanges entre l'enfant et elle ; chose impossible avec une maîtresse d'école qui a beaucoup d'enfants. Il y a autre chose que la maman pourrait faire : aider ses petites filles (aussi bien la seconde, dont elle ne nous parle pas beaucoup) à modeler ou à dessiner sur de la musique ; elle verra que l'enfant fait correspondre des ambiances de couleurs à certaines musiques. Les enfants doués aiment beaucoup ce jeu ; ils aiment aussi dessiner des rêves, dessiner des histoires, écouter des histoires lues ou inventées par la mère, les illustrer. Ne pas oublier non plus que les enfants qui ne dessinent pas peuvent très bien devenir des artistes dessinateurs ou peintres après la puberté, et que les enfants doués dans l'enfance peuvent ne plus l'être après la puberté.

Voici une autre lettre, d'une mère de quatre enfants : une de cinq ans et demi, de « faux » jumeaux qui ont presque quatre ans, et puis, une toute petite fille d'un an. Sa question concerne l'une de ces fausses jumelles, qui s'appelle Claire, qui est très câline, très sensible et qui, comme on dit, semble avoir une sorte de tempérament d'artiste. Je vous rappelle son âge : quatre ans à peu près. « La musique a une très forte attraction sur elle. Il lui arrive, par exemple, d'être un peu triste ou même de pleurer quand une musique qu'elle trouve agréable s'arrête. Elle est, d'autre part, très souvent distraite. Nous sommes d'accord, mon mari et moi, pour ne pas accorder trop d'importance à tout cela, pour ne pas l'influencer au point de lui créer des problèmes. » Elle vous demande néanmoins quelles seraient les activités qu'on pourrait lui faire faire pour développer un peu ce don : « Est-ce qu'on peut déceler chez une enfant si jeune si elle deviendra un jour une artiste ? »

Si cette enfant a de l'oreille, si elle aime la musique, pourquoi ne pas commencer dès maintenant un enseignement musical, bien sûr avec un professeur qui s'intéresse à la spécificité de chaque enfant, et non pas quelqu'un qui va lui faire faire des gammes et des exercices qui la lasseront ? Il y a aussi des disques – non, pas de ritournelles –, des disques qui sont très bien faits et qui expliquent à l'enfant les grands compositeurs. De même, il serait intéressant de lui faire entendre aussi de la vraie musique, et non pas uniquement de la musique de variétés ni de la musique enregistrée. Par exemple, s'il y a un harmonium ou un orgue à l'église, que la mère y emmène l'enfant si cela l'intéresse.

La musique est une expression extrêmement utile à beaucoup d'enfants sensibles. Puis, il y a la danse ; parce qu'il ne suffit pas d'aimer la musique tout en restant passif : la musique parle aux sentiments mais aussi aux muscles, et il est important que cette petite sache exprimer avec tout son corps ce qu'elle ressent. Le sens musical commence extrêmement tôt. Si cette enfant est musicienne, il ne faut pas attendre pour l'élever dans la musique. Je voudrais dire aussi que je déplore qu'il y ait des petits pianos-jouets qui sont toujours à côté de la note, qui sont faux. C'est tellement important, l'oreille, qu'il ne faut pas la déformer. Il vaut mieux ne pas avoir d'instruments qui donnent des sons, que d'avoir un petit piano-jouet faux – ce qui est vraiment se moquer de l'oreille, un organe si sensible chez l'enfant. Un guide-chant serait beaucoup mieux ; ou bien ces petits appareils qu'on appelle des *melodia*, qui ont des notes justes, et avec lesquels, en Allemagne, on fait l'éducation musicale des enfants à partir de deux ans. Il y a des basses, des moyennes et des sopranos, l'enfant choisira l'instrument qu'elle préfère. Lorsqu'il y a un piano dans la maison, veillez à ce qu'il soit accordé. Que les enfants ne tapent pas sur des « casseroles », et qu'ils apprennent à appeler chaque son par le nom qui lui correspond : les notes sont comme des personnes, on doit les connaître par leur nom et les reconnaître.

Ces enfants « artistes » ont-ils plus besoin d'aide que les autres, justement parce qu'ils sont plus sensibles ?

De respect, plutôt ! Déjà, tout enfant doit être respecté, mais un enfant « artiste » a des antennes, il sent les choses. S'il a une réaction insolite à quelque chose, il ne faut pas lui dire : « Comme tu es bête !... », ce que disent des parents, quand ils ne comprennent pas une réaction de repli ou de joie. Je crois que c'est très important, que les enfants « artistes » aient des moyens de s'exprimer et d'être respectés dans leur expression, qu'ils soient éduqués par des maîtres artistes dans la discipline qui les attire. Écouter de la musique, pas trop longtemps à la fois, aller au musée, regarder de la peinture, et le faire jeune, c'est très important.

Questions muettes
(Encore la sexualité)

Une jeune femme qui a vingt-trois ans, est mariée depuis trois ans, et est une « future » maman, future au sens fort du terme : elle n'a pas encore d'enfant, et elle n'est pas enceinte...

Elle s'y prend de bonne heure !

Elle vous demande si les parents peuvent vivre nus devant leur enfant, sans que cela risque d'être traumatisant pour celui-ci.

C'est toujours traumatisant pour l'enfant. Il faut que les parents respectent toujours leur enfant, comme un hôte d'honneur. Et devant un hôte d'honneur, ils ne se promèneraient pas nus ! Pour un enfant, la nudité de ses parents est tellement belle, tellement séductrice, qu'il se sent minable à côté d'eux. Ces enfants développent des sentiments d'infériorité ou, pire, ils ne se voient plus eux-mêmes, et ils ne se sentent plus le droit d'avoir eux-mêmes un corps. Alors, que la mère et le père soient toujours décents, chez eux, comme les adultes le sont sur les plages, pas nus.

Une autre nous demande s'il faut expliquer à un enfant de trois-quatre ans pourquoi ses parents s'embrassent sur la bouche et ne font pas de même avec lui. Et une autre question, qui rejoint la précédente : « Est-ce qu'on doit embrasser un enfant sur la bouche chez soi, à la maison, et éviter de le faire en public ? »

Non ! ni là, ni ailleurs. C'est encore plus séducteur si ça se passe dans l'intimité. Je crois que les enfants comprennent extrêmement tôt que les parents ont des privautés entre eux, que, eux, n'ont pas le droit d'avoir. C'est précisément cela qui fait qu'un enfant est un enfant et que les parents sont des adultes. Dire : « Quand tu auras une femme (ou un mari), eh bien, tu le feras, toi aussi. » Bien entendu, c'est tout à fait inutile de mettre l'enfant exprès devant ce spectacle. Il y a des parents qui jouent à rendre l'enfant jaloux. C'est tout à fait inutile. L'enfant n'est pas fait pour devenir un voyeur.

Cela dit, lorsqu'un petit garçon ou une petite fille voit ses parents, qui se disent au revoir ou bonjour, s'embrasser sur la bouche, et vient aussi chercher ce baiser, faut-il le lui refuser ?

Il faut l'embrasser sur la joue, et lui dire : « Mais non, toi, je t'aime bien. Lui, je l'aime et c'est mon mari, ou tu vois c'est ma femme. Une maman n'embrasse pas son enfant sur la bouche. » S'il y a une grand-mère ou un grand-père : « Je n'embrasse pas ma mère ni mon père comme je le fais avec ton père. Lui non plus. »

Une mère vous a entendue parler un jour de la fessée. Je me souviens qu'en en parlant, vous avez dit qu'il était mauvais de donner publiquement une fessée à son enfant.

Il ne faut jamais l'humilier...

Elle nous écrit ceci : « J'ai vingt-sept ans. J'ai un fils qui en a six. Je suis secrétaire dans une administration où je l'emmène quelquefois. Il y a quelques semaines, mon fils avait trouvé à l'école un jeu très intelligent, qui était de soulever les jupes des filles. » La mère n'avait pas jugé ça trop grave ; elle a seulement essayé de lui dire qu'il ne fallait pas le faire, que ce n'était pas bien. Mais, un jour, le jeu a pris des proportions puisque le garçon, qu'elle avait emmené à son travail, a soulevé devant toutes les secrétaires, les jupes d'une jeune fille qui est devenue, paraît-il, rouge de confusion. La mère s'est fâchée, a déculotté son fils et lui a donné une fessée « comme jamais je ne lui en avais donnée, comme jamais je ne lui en donnerai plus d'ailleurs. Il a été humilié, mais au moins il a compris ».

C'est fait, c'est fait !

Mais qu'est-ce qui est le plus important, humilier ou guérir ?

Comme toujours, *comprendre ce qui se passe*. Cet enfant, par son geste, posait tout simplement une question muette sur le sexe des femmes. On ne lui a pas répondu à temps. C'est pourquoi il a continué son jeu. Lorsqu'un enfant fait un geste comme cela, c'est qu'il a besoin d'explications de la part d'un homme et d'une femme, c'est-à-dire de son père ou de sa mère. Lui dire : « Tu as vu que les petites filles n'avaient pas le même zizi que les garçons, et tu ne veux pas croire que ta mère et les femmes n'en ont pas. Et pourtant, c'est comme ça. Et, alors, tu t'étonnes : Comment ton père trouve-t-il bien une femme, qui n'est pas faite comme lui ? C'est comme cela la vie. » Si on lui avait répondu ainsi, l'enfant n'aurait pas eu ce geste public. Évidemment, je regrette que la maman ait été vexée, gênée, débordée par la colère et qu'elle ait réagi violemment... L'enfant se tient à carreau mais, quant à la question sur le sexe et quant au désir de savoir qu'il éprouve sur ce point, il l'a refoulé avant d'être au clair. Je le regrette.

Elle le regrette aussi.

Comme je l'ai dit, c'est fait, c'est fait... Mais il faut savoir qu'un enfant qui fait ce type de gestes est un enfant qui a besoin d'explications ; les garçons – surtout quand ils n'ont pas de petites sœurs – ne veulent pas en croire leurs yeux, la première fois qu'ils s'aperçoivent, et particulièrement à l'école, que les filles n'ont pas le même zizi que les garçons. Ils restent convaincus pendant fort longtemps que leur mère, et les femmes adultes en général, ont, comme les hommes, un pénis. Et c'est là qu'il faut les renseigner, les éclairer. Leurs gestes sont donc des questions muettes.

Une autre question : « Est-ce qu'il est bon de faire assister une petite fille de quatre ans à l'accouchement de sa maman ? » Celle qui nous écrit est enceinte et va bientôt accoucher.

Si la mère accouche chez elle, à la maison, à la ferme, il n'est pas nécessaire d'éloigner l'enfant, mais il n'est pas nécessaire non plus de la faire assister. Qu'elle puisse entrer, si elle veut, sortir, si elle veut. En tout cas, il vaut mieux s'en abstenir, surtout si ça ne se passe pas à la maison. Cela pourrait être traumatisant. Je sais que cela devient à la mode. Je ne pense vraiment pas que ce soit éducatif. C'est même probablement très frustrant pour une fillette, incapable d'en faire autant d'ici longtemps. Inutile sûrement, nuisible peut-être, telle est cette assistance d'un aîné à l'accouchement ; et dans le doute, mieux vaut s'abstenir.

Par ailleurs, pour le bébé à naître, elle est tout à fait inutile. C'est de la présence de son père qu'il a besoin, autant que de celle de sa mère, dès sa naissance. Pour bien des femmes et des hommes, il est tout naturel d'être ensemble pour accueillir ce nouveau-né qui présentifie leur désir et leur amour conjoints.

Ce qui a été fait a été fait
(Anxiétés)

Voici une lettre qui reprend certains de vos propos. C'est une mère qui nous écrit ceci : « C'est bien vrai, ce que vous avez dit. C'est toujours l'aîné qui essuie un peu les plâtres dans une famille. » Elle a une fille de trois ans et demi, et un garçon, son petit frère, qui a deux ans et demi. Elle ne s'est vraiment sentie mère qu'à la naissance du fils ; lorsque la première enfant est arrivée, elle et son mari venaient à peine de se dégager de leur milieu familial et elle a vu cette enfant un peu de l'extérieur : « J'ai dû accumuler les situations traumatisantes pendant les trois premières années de ma petite fille. Est-ce qu'on peut réparer les pots cassés ? » Car elle a entendu dire que tout est joué à trois ans et qu'on ne peut pas revenir en arrière. Est-ce vrai ? Et, si oui, peut-on, comme elle le dit, réparer les pots cassés ?

Elle ne dit pas s'il y a vraiment des pots cassés. Elle se sent coupable, c'est tout. Cela ne veut pas dire que l'enfant ne se soit pas bien débrouillée au milieu de tout ça. Nous n'en savons rien...

Il faut dire qu'il y a eu quelques belles crises.

Quelques belles crises ?... Il faut revenir sur ce qu'effectivement, à six ans, et pas à trois, tout est joué, la mère a raison en un sens. L'enfant s'est déjà construit un caractère, à six ans, d'après les expériences qu'il a vécues jusque-là. Pourquoi ? Eh bien, parce que, au début de la vie, il est encore sans références. Il serait élevé par des Chinois, il parlerait chinois. Mais il se trouve qu'il parle français, et pas seulement la langue ; il « parle » aussi le comportement des parents ; il s'est instruit, il a appris que, pour devenir une grande personne, il faut être comme sa mère et son père. Cette enfant aura un caractère qui sera marqué par le type de relations qu'elle a eues, mais cela ne veut nullement dire que son caractère va être catastrophique et névrosé.

Ce qui a été fait, a été fait ; à présent, ce qui est important, c'est de parler à l'enfant, lorsqu'elle sera grande, lorsqu'elle dira un jour : « Ah ! mais tu ne m'aimes pas. – Si, je t'aime, mais figure-toi que, quand tu es née, je ne savais pas du tout ce que c'était, être une maman. Et peut-être est-ce toi qui me l'as appris... C'est grâce à toi que je l'ai su, pour ton frère. » Ce sera énorme, pour cette petite fille, d'entendre sa maman avouer avoir été maladroite, de l'entendre dire que c'est grâce à elle que maintenant elle l'est moins, pour le deuxième ou pour le troisième enfant. C'est important de le dire à l'enfant, de ne pas lui cacher qu'en effet c'était difficile et que c'est pour ça qu'elle a eu souvent des colères. Les choses doivent être ouvertes entre parents et enfants ; il ne faut pas essayer de « rattraper ». Ce n'est pas parce qu'on n'a pas donné assez de biberons à un enfant de trois à dix-huit mois et qu'il en a fait du rachitisme, qu'on va lui donner tout d'un coup à neuf ans les biberons qui lui ont manqué bébé. L'enfant s'est construite comme elle est : avec, peut-être, un caractère plus difficile que son petit frère – et encore, ce n'est pas certain ; elle aura peut-être plus de défenses aussi, je n'en sais rien. Il est vrai cependant que la structure de la personnalité, tout ce qui se développera par la suite est déjà prêt à cet âge-là, avant trois ans... A ce moment, il faut comprendre le caractère de l'enfant, puisqu'il a déjà son petit caractère à lui, n'est-ce pas ! Il faut surtout aimer son caractère. Il faut que lui-même, il aime son caractère, c'est-à-dire qu'il faut l'aider à se comprendre, parler avec lui de ce qu'il aimerait faire, par exemple... C'est l'enfant lui-même qui doit dire ce qu'il aimerait. Si c'est un garçon, le rôle du père est majeur – ou du grand-père, d'un oncle, d'un homme. La mère ne peut pas arranger toute seule les choses si l'enfant s'est déjà un peu replié. C'est vis-à-vis d'un homme qu'il va s'ouvrir. Et le père doit être là pour ça. A trois ans, on aime faire comme le parent du même sexe pour intéresser l'autre. On a aussi besoin de camarades du même âge.

Une autre mère nous écrit une chose amusante : « A vous écouter, si je n'ai pas été une mère parfaite, au moins je serai une grand-mère exemplaire avec les enfants de mes enfants ! » Ses enfants ont maintenant onze, douze et treize ans, et elle pense avoir fait quelques petites erreurs d'éducation quand ils étaient très jeunes : « J'ai l'impression que les problèmes que j'ai eus viennent de la sensibilité de mes enfants. Je pense que finalement, les enfants sont plus équilibrés, plus sereins, quand ils sont moins sensibles. »

C'est vrai.

Mais alors, dans ces cas d'enfants sensibles faut-il, disons, prendre des gants, agir différemment ?

Non. Il faut d'abord leur reconnaître cette sensibilité. Bien sûr, un enfant plus sensible est un enfant qui a des joies plus intenses qu'un autre, des chagrins plus intenses aussi. On peut, peut-être, à ce moment-là, partager avec lui ses joies. Ce dont l'enfant a besoin, c'est qu'on mette des paroles sur sa sensibilité, ni comme bien ni comme mal, mais comme une donnée de fait qui lui est reconnue, et qui implique de sa part acceptation puis maîtrise, ni regret, ni honte.

Une lettre concerne un enfant de quatre ans, très agité et agressif il présente également des signes évidents d'inadaptation scolaire, a des difficultés, une grande agitation verbale et motrice et un manque de concentration, qui l'empêchent de participer aux activités de sa classe. A la maison, il est très agressif, « constamment en rébellion contre ce qu'on lui demande, il s'alimente mal, il mouille encore son lit. C'est un enfant anxieux ».

Ça a déjà l'air d'être quelque chose de sérieux. Je crois qu'il faudrait que cette femme aille en consultation médico-pédagogique... Il s'agit de ce qu'on appelle un enfant instable, donc un enfant anxieux. Alors, pour ce qui est des « moyens du bord », en famille : il ne faut jamais, lorsqu'il est énervé, que la mère s'énerve avec lui ; au contraire, qu'elle soit calme, qu'elle essaie de lui donner à boire : de l'eau à boire et de l'eau à jouer. Je l'ai déjà dit. Jouer avec de l'eau et prendre des bains tous les jours aide beaucoup les enfants nerveux. La musique les calme aussi, non, pas des mauvais petits disques, mais du Mozart, du Bach. Toutefois, en l'occurrence, je crois qu'il a besoin d'aller à une consultation médico-pédagogique.

Par ailleurs, la mère écrit : « Il mange mal. » Ce n'est pas vrai. Si elle le laisse vraiment tranquille, manger ce qu'il veut et sans le tracasser pour les repas, ce sera déjà beaucoup pour lui ; c'est très mauvais de le faire manger quand il n'a pas faim : dans ces conditions-là, il ne mange que de l'angoisse, et c'est tout.

Comprendre une autre langue, adopter ses nouveaux parents

Parlons un peu d'enfants adoptés et de parents adoptifs. Une femme a adopté deux enfants : l'un a actuellement neuf ans ; l'autre, qui est au centre des questions qu'elle se pose, est un petit Vietnamien, arrivé en France à l'âge de six mois et demi, à la fin du mois d'avril 1975. Il a un peu étonné sa mère adoptive par des spasmes et même des syncopes, lorsqu'il avait une quelconque contrariété. Cela se passait entre six mois et demi et neuf mois : par exemple, lorsque le biberon arrivait à sa fin, l'enfant était pris de spasmes violents. Avez-vous une explication à cela ?

Oui. Il s'agit d'un enfant traumatisé par le fait même qui est à l'origine de son adoption. Il a été en pleine guerre, alors qu'il était au sein, brusquement séparé de sa mère ; c'était le baroud autour de lui et ce petit a tout ça en mémoire. Je n'en suis pas du tout étonnée : un enfant de six mois, c'est déjà un grand bébé, qui connaît bien l'odeur de sa mère, le son de sa voix, les paroles en vietnamien. Tout cela a été brisé, peut-être par la mort de sa mère, en tout cas par son départ pour la France. Évidemment, il a retrouvé une sécurité existentielle, pour son corps ; mais toute sa personne symbolique a été construite autrement et s'est arrêtée dans une brisure Il a « subi » une deuxième naissance, en arrivant ici, en avion ; cela lui laisse comme un souvenir de « vie fœtale prolongée », pourrait-on dire, et une rupture qui a été une deuxième naissance très traumatique. Cela ne m'étonnerait pas qu'il soit même un peu retardé. Il a été repiqué, comme on dirait d'un végétal, dans un autre terreau. Maintenant, *c'est néces-*

saire qu'il repasse par des colères, *c'est absolument nécessaire*. Ces colères, ces spasmes sont des façons de revivre, pour les épuiser, les traces des événements dramatiques vécus par lui.

A présent, il a deux ans, et ne veut pas être propre. Lorsque sa mère le change, il ne veut pas qu'on écarte de lui ses couches sales, comme s'il se rendait compte que tout cela lui appartient, et comme s'il ne voulait pas le perdre, comme si cela lui rappelait la covivance avec ses parents vietnamiens avant qu'il en ait été arraché.

Justement, dans son corps de besoins, survit le souvenir de son désir de sa première maman, d'avant l'âge de six mois. Dans son corps. Et dans sa vie symbolique, en français, il n'a pas encore deux ans. Il n'a même pas encore, pourrait-on dire, dix-huit mois, puisqu'il lui a fallu le temps de comprendre une autre langue, de s'adapter et *d'adopter lui-même ses nouveaux parents* : il lui a fallu au moins trois, quatre ou cinq mois pour cela. Si bien que cet enfant de deux ans, il faut le considérer comme ayant neuf mois de moins, sinon un an de moins, bien que son corps soit « plus âgé »... Au point de vue langage – et quand je dis langage, ce n'est pas « paroles » seulement, c'est aussi la manière de réagir affectivement – il a au moins neuf mois de moins.

Maintenant, la question des colères... Ce petit a été porté, dans les premiers mois de sa vie, dans un drame bruyant et angoissant ; peut-être même y a-t-il eu des jours où il n'a pas été nourri. Il porte la guerre en lui et ses colères, c'est une manière, pour lui, de se retrouver lui-même du temps qu'il était avec sa maman de naissance. Comment sa mère adoptive peut-elle l'aider ? En lui expliquant, maintenant qu'il est assez grand pour entendre le français, que lorsqu'il était petit, sa maman et son papa de naissance étaient dans la guerre, qu'ils sont morts ou disparus, qu'il était seul et que c'est pour cette raison qu'il a été recueilli en France et y a retrouvé une autre famille. Même s'il n'a pas l'air de comprendre cela, en le lui répétant plusieurs fois, il entendra,

Lorsque l'enfant paraît

cela donnera au moins un sens à ses colères : signes de sa souffrance morale. Et, surtout, ne pas se fâcher quand il est coléreux. Lui dire : « Oui, je comprends, c'était la guerre quand tu étais petit, et tu as encore la guerre en toi. Il faut que tu l'exprimes. »

Ce petit garçon, lorsqu'on se fâche, lorsqu'on veut lui donner la fessée, a une attitude assez étonnante : il rit. On a « l'impression que les punitions glissent sur lui ».

Ce n'est pas vrai. Les parents interprètent ce rire comme si « tout glissait sur lui ». Ce n'est pas ça. Il vit dans une forte tension nerveuse : le rire et les pleurs, ça peut être simplement la même chose. Ce ne sont que des expressions de sa tension. Il est sous pression, et il l'exprime de cette façon-là, probablement parce qu'il a une très grande fierté. Il ne faut surtout pas l'humilier. Lorsqu'il est coléreux, je crois qu'il vaut mieux l'emmener dans une autre pièce et lui parler à voix basse, calmement. Et, quand sa colère est finie, lui raconter ce que je viens de dire.

Que faut-il donc faire dans de tels cas ? parler aux enfants ? leur expliquer toujours leur situation antérieure ?

Oui, toujours. Et leur dire des mots comme : « père et mère de naissance », un *autre* pays, un *autre* endroit, une *autre* maison. Quand il s'agit d'enfants qui ont été en pouponnière, qui ont vécu dans une petite communauté d'enfants, avec quelques personnes adultes dont chacune avait la charge de plusieurs petits, ça étonne beaucoup les familles adoptives de voir qu'ils ne recherchent guère les adultes ; en revanche, ils sont tout heureux quand il y a autour d'eux cinq, six enfants qui bougent, qui sautillent... Ils n'ont pas besoin de câlineries. Voilà ce qu'on peut dire : c'est l'habitude ; ou plutôt, enfin, ce qui a été vécu dans les premiers mois reste en engramme, c'est-à-dire comme un mode connu et rassurant de vivre, enregistré en mémoire sur une bande magnétique. Cela s'exprime par des comportements agréables ou désagréables, par des comportements en quelque sorte insolites. Je crois que les enfants en trouvent eux-mêmes plus facilement l'explication si les parents la leur donnent avec des mots. Tout cela s'arrange par la suite, parce qu'un enfant adoptif adopte ses parents, comme ses parents l'adoptent.

Il y a aussi beaucoup de couples mixtes – je veux dire : de nationalités différentes – par exemple, des Allemands qui sont mariés avec des Françaises, des Français qui sont mariés avec des Allemandes, etc. Voici une mère allemande, dont le mari est français. Elle vous demande s'il existe un risque pour l'équilibre psychique d'un enfant à être élevé dans une famille bilingue, si l'on doit utiliser de préférence la langue maternelle ou la langue paternelle, tout en sachant qu'ils vivent actuellement en France. Elle vous demande également s'il y a des périodes particulières, dans le développement de l'enfant, où il serait préférable d'utiliser, soit la langue maternelle, soit la langue paternelle. Malheureusement, elle n'indique pas l'âge de son enfant. Il doit être très jeune, je crois.

Ni le sexe ?

Non... Je pense néanmoins qu'il doit s'agir d'un garçon puisqu'elle parle d'un enfant tout au long de sa lettre.

Nous savons que les fœtus entendent les sonorités des paroles, la voix des parents ; sans doute que ces parents parlaient et parlent entre eux, alternativement, en français et en allemand. Eh bien, ils n'ont qu'à continuer. Toutefois, il vaudra mieux que l'enfant fasse toute son école primaire dans la même langue, jusqu'à ce qu'il sache bien la lire et l'écrire. A ce moment-là, la mère, ou le père, l'aidera pour la langue de l'école, le français ou l'allemand, selon. Mais, étant donné que la mère est allemande, il est impossible qu'elle soit maternelle sans utiliser sa propre langue ; s'il faut qu'elle déguise son parler naturel, en le coulant dans

Lorsque l'enfant paraît

une langue qui n'est pas la sienne, elle n'aura plus les sentiments directs et intuitifs qu'une mère a naturellement pour son enfant.

Pas de risques, donc, de traumatisme pour l'enfant ? En vous écoutant, je pense à un couple d'amis qui sont de nationalités différentes. Leur petite fille s'exprime parfaitement dans les deux langues. Au début, elle parlait une sorte de charabia assez étonnant, mais, un peu plus tard, elle s'est fabriqué deux mondes distincts. C'est-à-dire que, pour elle, il y avait des gens qui faisaient partie du monde allemand, et d'autres du monde français ; elle ne répondait jamais à l'un dans la langue de l'autre.

Et pourquoi pas ? Elle était très maligne. C'est tout à fait naturel. Il y a quand même une chose à ajouter : si un enfant, vers deux ans – lorsqu'il est en train d'apprendre bien une langue –, est transporté dans un autre pays, là, il faut l'aider ; généralement, lorsqu'il arrête de parler sa première langue, il faut la lui reparler, lui rechanter des chansons de quand il était petit, tout en l'introduisant peu à peu, par des moyens tout simples (des noms d'objets...), dans la nouvelle langue : « Ici, ça se dit comme ça. » Qu'il continue néanmoins à parler avec ses parents comme il parlait auparavant. C'est avec des enfants, ses petits amis, qu'il apprendra l'autre langue.

Les enfants ont besoin de vie
(Loisirs)

Parlons maintenant des loisirs des enfants. Une lettre pose le problème pour un tout-petit. C'est une mère qui écrit : « J'ai un petit garçon de quinze mois. Je suis chez moi, mais il m'est un petit peu difficile de m'occuper de mon enfant parce que j'ai beaucoup de travail ménager et aussi du travail universitaire à faire. » Depuis quelques semaines, elle a l'impression que ce petit garçon de quinze mois s'ennuie : « Il erre, son pouce dans la bouche. Il vient toujours me demander de le prendre sur mes genoux. » Elle nous demande, en fait, s'il y a des jeux à imaginer, pour des enfants de cet âge. Ou, sinon, certains livres à conseiller ?

Non, quinze mois, c'est trop petit pour des livres ou des choses comme ça. A quinze mois, les loisirs, ça se passe toujours en compagnie d'une autre personne. Il a besoin d'autres enfants. Je crois que, si cette mère est très occupée, elle devrait chercher une gardienne qui le prenne deux fois par semaine, par exemple, avec d'autres enfants. Et puis, elle pourrait tout de même jouer avec lui deux fois par jour, pendant une demi-heure. Qu'on joue avec des cubes, à se courir après, à grimper sur une échelle, ou aux jeux d'eau dont j'ai déjà parlé. Qu'elle lui montre comment on peut s'amuser autour de l'évier, où l'on fait couler de l'eau, avec des petites barques, une éponge, des joujoux... Elle a raison : son enfant s'ennuie. Que la mère lui parle de temps en temps. Autrement, l'enfant peut s'enfoncer dans l'isolement intérieur. Je crois qu'elle a raison de s'inquiéter et de chercher une solution.

Une autre – qui a cinq filles et un garçon – a eu sa dernière enfant à l'âge de quarante et un ans : cette petite fille a quatre ans maintenant. Elle est allée à l'école et, comme tous les enfants, elle a eu des petits problèmes de rejet. Elle ne s'est pas beaucoup amusée au début ; maintenant, elle semble bien avoir accepté l'école. Pourtant, depuis son entrée en classe, la mère constate que cette petite refuse de dessiner, ce qu'elle aimait beaucoup faire auparavant. Quelle attitude faut-il adopter : est-ce que, comme l'a conseillé la maîtresse d'école, il faut attendre que le déclic se produise un jour ?

Je ne crois pas du tout que ce soit embêtant. Cette fille est la dernière-née des cinq ?

Oui, la dernière-née, les autres sont grands : vingt-cinq, vingt-trois, dix-sept, quinze et quatorze ans.

Donc, c'est comme une enfant unique, puisqu'il y a dix ans de différence entre elle et celui qui la précède. Je crois que c'est là la raison de son comportement : elle a eu un statut tout à fait particulier, entourée de beaucoup de personnes adultes. Il faut lui expliquer que c'est difficile d'aller à l'école parce que, avant cela, elle était toujours en compagnie de grandes personnes ; mais qu'elle va voir que les enfants, c'est bien plus amusant que les adultes.

Cette petite fille accepte de dessiner seulement pour une petite cousine, qui est son amie.

Ce faisant, elle s'identifie aux grandes personnes qui s'occupaient d'elle. Je pense que son père devrait s'occuper un peu plus de cette enfant ; c'est lui qui a la clé, pour lui faciliter le passage de l'état de bébé à celui de grande fille... J'ai un peu l'impression que, dans cette famille, tout le monde a un statut de parents, tout le monde est père-mère.

Quant au dessin, c'est plutôt la mère qui en est frustrée, semble-t-il. La petite dessinait auparavant, et elle ne dessine plus maintenant. Eh bien, c'est parce qu'elle a d'autres choses à faire, et qui la sollicitent ! Il faut à peu près trois mois, à un enfant qui n'est pas du tout habitué à vivre avec des enfants de son âge, trois mois d'observation, pour se sentir chez lui à l'école. Ça viendra. Que la mère ne s'inquiète pas.

Une lettre assez souriante qui vous pose le problème de la venue, dans le foyer, d'un petit chien. Cette mère a deux filles de onze et sept ans. Ces enfants ne posent pas de gros problèmes. Elles sont gardées, pendant la journée, par une dame qui vient depuis cinq ans et demi à la maison ; l'aînée demande de façon pratiquement permanente, depuis plusieurs mois, qu'on lui achète un petit chien. Alors, voilà : « Nous habitons dans un F3. Cela nous pose des problèmes. Honnêtement, on a pensé aussi à toutes les servitudes que cela pouvait entraîner. Mais la demande de notre petite fille devient de plus en plus pressante. Qu'en pensez-vous ? Est-ce que, pour Noël, on doit faire cet effort qui ne nous amuse pas tellement, ou est-ce que cela pourrait être un désir passager de notre enfant ? »

C'est difficile, parce que, d'après ce que dit cette mère, il n'y a pas de place dans leur appartement. Le chien serait malheureux. C'est vrai que les enfants ont besoin d'avoir de la vie autour d'eux et que, dans les immeubles modernes, il n'y a pas beaucoup de vie. Peut-être pourrait-on trouver un animal moins encombrant, qui demande moins d'aller se promener, de descendre pour faire pipi, etc., un hamster, par exemple.

Je ne vous ai pas lu, volontairement, le post-scriptum de la lettre. Le voici : « Nous avons actuellement dans la cuisine un poussin de quatre semaines, que nous avons gagné à une loterie. Il est à ma plus jeune fille qui s'en occupe très peu. Par contre, l'aînée – donc celle qui demande le chien – s'en occupe et joue beaucoup avec lui ; mais, bien qu'elle lui soit très attachée, là encore, il a fallu lui faire comprendre que d'ici à deux mois, nous serions obligés de mettre le poussin à la campagne. » Bon ! Mais il me semble qu'il y a un problème qui se pose : est-ce qu'on peut toujours refuser quelque chose à un enfant qui insiste tant ?

Mais, bien sûr, quand le refus est motivé ; ici il est motivé par le bien-être du poussin devenant coq ou poule, là par le bien-être du chien éventuel : un animal doit être aussi heureux que son maître. Or, si le maître est heureux d'avoir un chien, et le chien, lui, malheureux, c'est une chose qu'il faut éviter en expliquant la raison du refus des parents.

Et d'autres refus ? Par exemple : une promenade, l'achat d'un livre, une séance de cinéma...

Les désirs sont d'abord imaginaires ; ils trouvent leurs limites dans le possible : dans la « réalité ».
Je ne vois pas pourquoi refuser à un enfant quelque chose qui ne gêne pas les parents, qui ne lui est pas nuisible et qui ne l'est pas non plus pour ce qu'on achète. Maintenant, pour cette fille... peut-être serait-elle contente d'avoir un hamster. Un hamster c'est quand même très gentil, et ça ne sent pas très mauvais, c'est amusant et ça demande des soins. C'est ça l'important : que l'enfant en prenne soin ; l'aînée est capable de prendre soin du poussin, la petite, pas encore. Eh bien ! est-ce qu'on a essayé les poissons rouges ? ou la tortue ? ou je ne sais pas quoi... En tout cas parler beaucoup avant de se décider pour l'achat d'une autre bête dont l'enfant aurait à prendre la responsabilité.

Il faut surtout avoir de l'imagination...

C'est ça. Les enfants aiment aussi faire pousser des plantes. En fait, *ils ont besoin de vie*.
Je crois que l'enfant dont on parle comprendra qu'elle ne peut pas avoir un chien. Peut-être a-t-elle envie de faire comme une petite camarade qui a un jardin. Qu'on lui

donne l'exemple d'un chien qui est malheureux, dans la maison de quelqu'un qu'elle connaît ; *il faut parler avec elle*. Qu'elle ne croie pas que c'est parce que les parents veulent la brimer qu'ils refusent ce chien.

Une mère nous écrit : « Quand on a une petite fille, doit-on la cantonner dans son rôle de petite fille, lui offrir uniquement des choses féminines ? »

Depuis que nous parlons ici, il a toujours été question de respecter le désir des enfants. Lorsqu'il n'y a qu'un enfant, généralement, il s'identifie aux enfants qu'il voit, qu'ils soient garçons ou filles : si un garçon tout seul va voir, par exemple, une petite voisine, une fille, il s'identifiera à elle alors que la petite voisine s'identifiera à lui. Si bien qu'il y a des jeux qui sont de « poupées » pour le garçon, de « voitures » pour la petite fille. Mais quand l'enfant est élevé tout seul, il imite son père si c'est un garçon, sa mère si c'est une fille... Cependant, il est certain que les garçons ont besoin d'avoir des poupées, des dînettes...

Les filles, vous voulez dire... ?

Non, les garçons ! Les garçons autant que les filles. Mais il se trouve que, quand les garçons et les filles sont ensemble, eux-mêmes veulent se distinguer l'un de l'autre, se différencier. Nous n'y pouvons rien. C'est comme cela quand les enfants sont petits. Ils aiment se différencier les uns des autres si bien que, généralement, les garçons sont plus épris de jeux moteurs et les filles de jeux conservateurs. Cela fait partie du génie naturel de chaque sexe. A partir de l'âge de trois ou quatre ans, les enfants aiment surtout jouer avec et comme ceux qu'ils aiment : s'il y a un enfant dominant, qu'il soit fille ou garçon, qui choisit les jeux, eh bien, l'autre y jouera, parce qu'il aime sa compagnie. N'empêche que si les garçons jouent avec des poupées, ils y jouent autrement que les filles, et les filles avec des autos autrement que les garçons.

Quand on touche au corps de l'enfant
(Opérations)

J'ai ici des lettres qui parlent d'enfants qui vont, soit subir une petite opération, soit être hospitalisés pour quelque chose de beaucoup plus sérieux. Une petite fille de deux ans et demi, enfant unique, doit prochainement être hospitalisée, en vue d'une opération à cœur ouvert. Cela va nécessiter une hospitalisation de deux mois, un certain nombre de jours de réanimation, donc des visites très limitées. Les parents disent, par ailleurs, que leur enfant va en nourrice par demi-journée, qu'elle s'y sent très bien, qu'elle aime beaucoup les contacts avec d'autres enfants, a déjà l'habitude de l'hôpital, où elle est allée souvent en consultation. Ils demandent comment préparer leur petite fille, très jeune, à cet événement.

Le plus important, c'est que les parents ne soient pas anxieux. Ce type d'opération est maintenant courant et n'est pas dangereux. Donc, il n'y a que le côté « psychologique » qui joue. Si l'on est obligé de faire cette opération, c'est que l'enfant, qui déjà ne vit pas si mal, sera beaucoup mieux après. C'est à cela qu'il faut surtout penser. Une opération est toujours quelque chose de pénible, mais son but est la guérison des troubles que présente l'enfant actuellement, et qui risquent de s'aggraver si on ne l'opérait pas tout de suite.

Comment l'aider ? D'abord, ce n'est pas sûr qu'il soit impossible que la mère aille plus souvent près du lit de son enfant ; qu'elle voie cela avec la surveillante ; qu'elle lui demande la permission de tenir compagnie à son enfant. Ce serait mieux. Nombre de services le permettent. Pour le cas où elle n'obtiendrait pas cette « faveur », elle peut préparer à l'avance des poupées pour son enfant : qu'elle en achète quatre ; elle en habillera deux, l'une en infirmière et l'autre en docteur, et elle les donnera à son enfant, à l'hôpital. On ne peut pas rapporter de l'hôpital les joujoux qu'on y a ; alors, il faudra qu'elle ait préparé les mêmes costumes pour les deux poupées qui seront gardées à la maison et que l'enfant retrouvera à son retour. Elle facilitera ainsi le lien entre l'hôpital et la maison, parce que c'est justement ça qui est difficile : le retour de l'hôpital, contrairement à ce que la mère croit. L'hôpital, l'enfant y vivra pendant deux mois ; c'est énorme, deux mois, à cet âge-là, c'est presque huit mois ou un an pour nous. L'enfant a besoin de retrouver à la maison les mêmes objets qui lui ont servi de compagnons pendant qu'elle y était.

Je crois que l'angoisse des parents pour leur petite fille vient également d'autre chose, à savoir de certains mots : « à cœur ouvert ». Ce « cœur ouvert », c'est une expression qui angoisse les gens, alors que, en réalité, il ne s'agit pas d'une opération dangereuse. Le cœur est un mot qui nomme symboliquement le lieu de l'amour ; mais dans ce sens-là, que la mère le sache : on ne va pas changer le « cœur » de son enfant. Qu'elle le lui explique. « Le cœur que le docteur va opérer est celui de ton corps, mais ton cœur qui aime, personne ne peut y toucher, ni l'ouvrir. »

Une autre question, qui revient très souvent, concerne des enfants qui ont deux, trois, quatre ans, ou même quelques mois... C'est le problème des phimosis ou des hypospadias. Ce sont là des termes un peu savants. Il faudrait d'abord les expliquer très rapidement.

Il s'agit de petites anomalies de la verge des garçons ; le phimosis, c'est le prépuce qui est trop étroit et qui peut gêner l'enfant pour uriner, mais surtout, qui le gêne à chaque fois qu'il a des érections. Cela lui donne des érections douloureuses ; l'hiver, ça peut aussi gercer. Bien des enfants en

Lorsque l'enfant paraît

sont gênés. Il n'y a donc aucun intérêt à conserver un phimosis. Mais ça, c'est le pédiatre qui doit le dire. Évidemment, l'opération du phimosis fait peur aux enfants ; il faut leur expliquer qu'on la leur fait faire pour qu'ils aient une belle verge, comme papa, une verge qui puisse avoir des érections sans qu'ils en souffrent. Il faut aussi savoir que cette opération n'est pas très douloureuse.

Voici une lettre d'une maman dont le fils a un phimosis qui doit être opéré dans un an, un an et demi : « Vous vous rendez compte ? Vous pouvez supposer que cette opération n'a rien de réjouissant, et même combien elle peut être traumatisante pour un petit garçon de quatre ans. J'avoue que c'est une perspective qui me panique énormément. Je n'ose pas en parler à mon enfant, parce que j'ai peur de lui communiquer mes propres angoisses. Mon mari et moi n'en parlons jamais, comme si nous voulions exorciser notre angoisse. » Cela prend des proportions, parfois !

Oui, mais s'agit-il d'un phimosis... ?

Ah ! pardon..., d'un hypospadias assez marqué, dit-elle.

C'est tout à fait différent. Dans un hypospadias, l'orifice de la verge au lieu d'être au centre du gland, se trouve sous la verge, quelquefois très près du gland, quelquefois assez près de la racine de la verge. C'est d'ailleurs ce dont souffrait Louis XVI ; il a été opéré adulte, parce que sans cette opération, il ne pouvait pas être père. Un enfant qui a un hypospadias mouille ses culottes, il ne peut pas faire autrement. C'est très gênant pour un garçon. Cela étant, je ne sais pas pourquoi les parents en sont angoissés, puisque après l'opération il sera, au contraire, beaucoup plus heureux. C'est une opération qui est désagréable, en effet, mais ces désagréments ne sont rien à côté de l'agrément d'avoir une verge normale, comme les autres garçons. Voilà ce qu'il faut lui dire. Les parents sont toujours anxieux quand on touche au corps de leur enfant. Mais, dans ce cas-là, ils ont tort, car l'enfant – et il faut le lui expliquer – sera beaucoup plus heureux après.

Tout cela pose en gros le problème de l'hospitalisation des enfants. La conclusion, c'est qu'il ne faut pas dramatiser cet événement ?

Non, d'autant que les enfants, à l'hôpital, sont généralement heureux ; dès qu'ils vont un peu mieux, ils ont de la compagnie. Ce qu'il faut, quand l'enfant va à l'hôpital, c'est ne jamais manquer la visite promise ; c'est très important. Si la mère prévoit qu'elle ne peut pas passer tel jour, qu'elle ne laisse pas croire le contraire. Souvent, à l'hôpital, l'enfant ne peut voir ses parents que derrière des vitres. Et les parents se mettent à pleurer, parce que leur enfant pleure ; ils sont angoissés. Cependant, c'est normal que l'enfant pleure : à ce moment-là, il faut que les parents aient le courage de supporter ses cris. Qu'ils ne s'en aillent pas, en se disant : « Puisqu'il pleure quand il me voit, je ne reviendrai plus. » Il vaut mieux que l'enfant pleure, crie, ait le chagrin d'avoir vu sa maman sans pouvoir être dans ses bras, plutôt que de lui éviter ce chagrin sous prétexte que ça les remue trop, et la mère et l'enfant. Tant pis ! Il faut que la mère ait le courage d'être remuée, sans trop le montrer. C'est bon pour l'enfant (même s'il pleure) de voir sa maman, et même si elle pleure ! Ce serait bien pis de ne pas la voir et de se croire oublié d'elle.

Un bébé doit être porté
(Apaiser)

Voici une mère dont le fils (qui a dix-huit mois) a eu pratiquement dès la naissance des vomissements assez répétés, avec symptômes nerveux « habituels » du nouveau-né. Vers ses onze mois, il a été confié pendant une dizaine de jours aux grands-parents ; à partir de là, il s'est mis à se taper la tête contre son lit. Cela a pris des proportions importantes puisque, maintenant, ce geste est devenu pour l'enfant un moyen de pression : il sait que, quand il se tape la tête contre le lit, ses parents viennent tout de suite. La mère précise également que son enfant a été circoncis à neuf mois (pour un phimosis), et qu'il a certainement gardé un souvenir un peu douloureux de cette opération : « Je voudrais comprendre ce que cela veut dire. Est-ce que c'est un enfant qui cherche une réponse à une question ? Comment peut-on expliquer ses troubles ? » Par ailleurs, c'est un enfant heureux, un enfant qui joue beaucoup...

Donc, les difficultés sont arrivées après le passage dans la maison de ses grands-parents, passage qui, lui-même, a suivi d'assez près l'opération du phimosis... Je crois qu'il s'agit d'un petit qu'on n'avait pas préparé, par de claires explications, à son opération. Vous savez, je l'ai déjà souvent dit, qu'il n'est jamais trop tôt pour dire la vérité à un bébé.

On ne l'a pas préparé pour cette opération, pas plus que pour son séjour chez ses grands-parents. Actuellement, quand il se tape la tête (c'est-à-dire quand il est en demi-sommeil ou même dans le sommeil), c'est le père qui, plus souvent que la mère, devrait lui caresser la tête d'arrière en avant, lui dire : « Tu sais, quand tu étais petit, nous t'avons laissé chez tes grands-parents, et tu ne savais pas que nous allions venir te rechercher. Nous ne te l'avions pas expliqué et tu t'es cru en prison. Tu t'es cru prisonnier. Et maintenant, tu tapes comme un prisonnier contre les barreaux. Mais tu n'es pas prisonnier. Nous t'aimons. Et puis, papa et maman sont à tes côtés, dans la chambre. Je suis là tout près. » Car il s'agit d'un enfant précoce ; ce que la mère nous raconte de ses vomissements du temps où il était bébé, c'est déjà un signe qu'il avait besoin de compagnie, une compagnie particulière, pas n'importe qui.

J'en profite pour dire que les enfants qui ont des vomissements ont besoin d'être beaucoup plus souvent pris dans les bras. Il y a un système, dans l'éducation des petits (et certains pédiatres y adhèrent), selon quoi il ne faut pas donner de « mauvaises habitudes » aux enfants ; il ne faut pas, soi-disant, les bercer ; il ne faut pas, soi-disant, les porter contre son corps. Mais si, *il le faut*. Évidemment, ça ne durera pas jusqu'à vingt-cinq ans. On changera peu à peu la façon d'être avec l'enfant. Mais il faut absolument que le petit sente qu'il bénéficie d'une sécurité totale. Or, cette sécurité, il ne l'a que lorsqu'il se cogne, pourrait-on dire, contre sa maman. Dans son berceau, il cherche à se cogner contre sa maman, mais seulement, c'est le berceau qu'il trouve. Alors, la première chose, c'est de capitonner le berceau avec beaucoup de coussins...

C'est ce qu'ils ont fait. Ils disent d'ailleurs que, depuis, l'affaire prend moins d'importance.

Bien sûr ! Peut-être faut-il ôter les barreaux du lit... Il faut aussi raconter à ce petit garçon son opération du phimosis, et pourquoi on l'a opéré. Que ce soit le père qui lui explique toutes ces choses concernant sa virilité future ; il a été blessé au départ. Il ne faut pas oublier que, pendant des mois, ce petit a souffert chaque fois qu'il urinait, qu'il avait une érection, c'est-à-dire sept à dix fois par jour. C'est pour ça aussi qu'il était très mal à son aise et que l'opération était nécessaire. Il faut lui parler de cela, et ce n'est pas trop tôt pour le faire, dix-huit mois. Même à deux mois ou à six jours, il n'est pas trop tôt pour parler à un enfant de sa sensibilité, des épreuves qui sont les siennes : lui dire qu'on va faire au mieux pour l'aider, mais qu'on ne peut pas lui éviter certaines épreuves.

Vous parliez des pédiatres, il y a un instant. Or, voici une lettre d'une pédiatre, figurez-vous. Elle voudrait que vous parliez de ce qu'on appelle les « coliques du nourrisson » ; les enfants qui en souffrent, pour le reste bien-portants, crient de façon prolongée, quelquefois pendant six ou huit heures par jour.

Je pense qu'un bébé qui pleure comme ça a eu une naissance un peu traumatique, ou qu'il est un enfant plus sensible à la brusque séparation d'avec sa mère, ou, encore, que quand il était *in utero*, sa mère était anxieuse. Ce qu'il faut, c'est encourager les mères à tenir le plus souvent possible leur enfant contre leur corps. Quand elles ne peuvent pas le faire, qu'elles leur parlent, qu'elles les approchent le plus près de l'endroit où elles travaillent, qu'elles les bercent quand ils pleurent. Il n'y a aucun intérêt à laisser un enfant pleurer, sous prétexte qu'il a des coliques et que ça passera. Il sent le monde, et son monde, c'est maman, n'est-ce pas. Bien sûr que crier, c'est mieux que ne pas crier et souffrir. Toutefois, il ne faut pas non plus le laisser crier tout seul. Il faut qu'il entende une voix qui le comprend. Un bébé doit être porté. Ce sont les mœurs actuelles qui font que l'enfant n'est pas entouré, par des grand-mères, ou une famille nombreuse. Sinon, le bébé devrait être dans les bras, quand il ne dort pas. Il y a beaucoup d'enfants qui pleurent et qui n'ont besoin que d'être pris dans les bras, d'être bercés ; qu'on leur parle, que leur maman ne soit pas anxieuse. Il y a aussi ceux qui ont des difficultés à digérer le lait et qu'il faut aider. Il y avait, autrefois, beaucoup de remèdes de bonne femme, très simples ; j'en ai appliqué à l'un de mes enfants qui pleurait, c'était un produit qui favorisait le caillage du lait de vache à la manière dont caille le lait de femme. C'était la guerre, il n'y avait pas de lait et moi, je n'en avais pas assez pour mon premier : le sirop de papaï ne l'a soulagé. Maintenant il y a des laits très bien adaptés aux enfants.

Il y a encore quelque chose à faire de plus, à quoi les mamans pensent rarement, c'est de masser gentiment, par-dessus les langes, le ventre de leur enfant ; ça aide aussi que l'enfant n'ait pas froid au ventre ; et s'il est mouillé, de lui mettre une bouillotte. Toutes ces petites choses sont d'importance.

Ne pas oublier qu'il y a, par ailleurs, des bébés qui ont vraiment mal au ventre, parce que quelque chose de plus grave se prépare.

Et puis – je le répète – parler au bébé sur un ton très gentil, très calme, ne jamais lui dire : « Tais-toi ! », en hurlant. Car alors, l'enfant se taira, mais il aura encore plus d'angoisse, à ne pas pouvoir la manifester pour se soumettre au désir de sa mère.

Il sera terrorisé mais ne manifestera plus rien.

Voilà ! et c'est pire. Il vaut mieux, au contraire, lui dire : « Eh bien, tu as mal au ventre, mon pauvre petit. » Des choses comme ça, toutes simples, en faisant sa cuisine, son ménage... Et puis, dès lors que la maman le peut, elle va le bercer un peu, lui masser le ventre, lui parler. Voilà ce qu'on peut dire. Mais c'est toujours difficile. Tenez, nous avons dans le même ordre d'idées une lettre qui m'a beaucoup intéressée : celle d'une mère de jumeaux..., si vous pouviez la retrouver.

Je l'ai là. Cathy et David sont des jumeaux nés prématurément – à sept mois et demi – et, de ce fait, raconte la mère, ils sont restés pendant un mois et demi au service des prématurés : « Vers l'âge de cinq à six mois, j'ai eu besoin de confier mes enfants à plusieurs reprises à une garderie, et ceci... »

Elle dit même « une halte garderie »... C'est très intéressant qu'il y ait des endroits comme cela, où les enfants ne restent pas obligatoirement toute la journée.

« ... trois ou quatre heures par jour, chaque fois. Les conditions d'accueil étaient excellentes. Cependant, voici ce qui se passait à l'heure du repas et du change : les puéricultrices revêtaient, à ce moment-là, une blouse blanche, et prenaient les enfants ; les miens se mettaient aussitôt à hurler ; les hurlements commençaient dès que les blouses blanches approchaient et duraient le temps des soins... Alors, j'ai pensé que mes enfants assimilaient les puéricultrices en blouse blanche aux infirmières qu'ils avaient connues au service des prématurés et, pour donner confiance aux jumeaux, pour leur montrer que les blouses blanches ne signifiaient pas une séparation d'avec moi, j'ai moi-même revêtu une blouse blanche, lorsque je leur donnais le bain ou le biberon à la maison. A partir de ce moment-là, plus aucune réaction de frayeur ou autre, à la maison. » Au bout de plusieurs jours, quand elle a remis ses enfants à la halte garderie, il n'y a plus eu aucune réaction aux blouses blanches des puéricultrices.

Ça montre combien les enfants ont besoin de la médiation maternelle, pour tout ce qui est nouveau. Ici, ce n'est pas du nouveau qu'il s'agit, c'est du passé qui a été angoissant et auquel les enfants ne voulaient pas retourner ; cette maman a vraiment fait preuve d'une intuition et d'une intelligence maternelles dont je la félicite.

Bébés collés, jumeaux jaloux

Reprenons la même lettre, pour en venir à la question que la mère vous posait. Le petit garçon et la petite fille, qui ont maintenant cinq ans et demi, ont progressé ensemble, sans qu'on puisse dire que l'un dominait l'autre. Ils étaient très différents l'un de l'autre, avaient des centres d'intérêt nettement distincts ; il y a toujours eu entre eux à la fois une grande émulation et une grande rivalité, jusqu'à l'âge de cinq ans, quand ils sont allés à l'école. A ce moment-là, on avait l'impression que la fille était plus avancée que son frère : « On sentait qu'elle dominait le garçon, surtout par sa débrouillardise. » Vers cinq ans, c'est le garçon qui a fait un bond en avant, très brutal, surtout au niveau de l'école. Ils étaient dans la même classe et il semble que la maîtresse a beaucoup complimenté le garçon de ses progrès. La mère précise bien que, dans la famille, ni son mari ni elle-même n'ont fait de comparaison entre les deux enfants, ni de commentaires : « A partir de ce moment-là, j'ai eu l'impression que la petite fille se laissait écraser par son frère. Elle avait même tendance à régresser : langage moins bon, troubles de mémoire, etc. » Cette situation dure maintenant depuis six bons mois. La mère a demandé que ses enfants soient dans deux classes différentes, ce que d'ailleurs les enfants ont accepté avec beaucoup de plaisir. La question est : « Comment aider la petite fille à sortir de cette impasse, comment faire pour qu'elle retrouve confiance en elle-même ? »

J'ai l'impression que cette petite fille vient de découvrir sa féminité, à savoir ce qui la différencie de son frère. Longtemps, comme ils étaient jumeaux, cela allait de soi : la ques-

Lorsque l'enfant paraît

tion ne se posait même pas. Il est possible que les parents ne leur aient pas assez parlé de la différence entre eux, ne leur aient jamais dit des choses très simples comme : « Toi, tu deviendras un homme ; toi, tu deviendras une femme », dès leur très jeune âge. Je crois aussi qu'elle a eu la malchance d'être en classe avec une maîtresse. Si c'était un maître, comme elle a la langue bien pendue – c'est normal pour les petites filles –, elle aurait été toutes voiles dehors pour lui. Le garçon, à ce moment-là, se serait dit : « Bon ! ici encore, c'est elle qui a le dessus ! » Mais, à l'école, le garçon a rencontré d'autres garçons. Il s'est dit : « Tiens ! ils sont comme moi et, elle, elle n'est pas comme moi. » Peut-être que les parents n'ont pas assez parlé de la différence sexuelle. C'est pour cela que les enfants se sentent à présent soulagés d'être séparés. Car les jumeaux de sexe différent, comme ceux-là, ne peuvent pas être amoureux l'un de l'autre, comme ça se passe normalement entre garçons et filles à partir de trois ans : tous les enfants qui sont à l'école, à cet âge, garçons et filles – qu'ils le disent ou non –, ont un petit fiancé ou une petite fiancée parmi leurs camarades. Et une petite fille tient son frère à l'œil ; jusque-là, c'était elle sa préférée. Mais voilà que, lui, il a maintenant comme copains des garçons et puis, peut-être, une petite fille qui l'attire. Elle s'est sentie délogée de sa place de seul compagnon et, en même temps, de seule fille pour son frère, c'est normal. Il faut que ses parents lui expliquent cela. Il faut dire à ces enfants dès maintenant, que, l'amitié, ils l'auront toujours, mais que, frère et sœur, il faut bien qu'ils arrivent à se séparer, puisque chacun d'eux est fait pour avoir un autre compagnon plus tard, elle un garçon qui sera son fiancé puis son mari, et lui, une autre fille, plus tard sa femme.

Et lorsqu'il s'agit de « vrais » jumeaux, deux filles ou deux garçons ?...

Alors là, c'est tout à fait différent, parce que la rivalité est grande entre des jumeaux. Généralement, elle est camouflée jusqu'à l'âge de la puberté : jusque-là, ils sont d'habitude comme un binôme, on ne peut pas les séparer. Et c'est dommage. Les parents qui voient ça, auraient intérêt à les habiller différemment dès qu'ils sont tout petits, à leur donner des jouets différents, même s'ils les échangent entre eux... à les faire inviter séparément chez des amis différents quand cela est possible, à les mettre dans des classes différentes. Mais c'est vrai qu'il y a des jumeaux inséparables. S'ils se développent bien, sans se nuire l'un à l'autre en classe par trop de dépendance, et s'ils le désirent vraiment tous deux, on peut les laisser ensemble.

Il est toujours mauvais d'élever tout pareillement deux enfants rapprochés, ce l'est aussi pour des jumeaux.

Ce qui, il faut bien le dire, n'est pas connu ; on voit tellement de petits frères, ou de petites sœurs habillés de la même façon...

Justement. Or, les jumeaux devraient être très individualisés, dès qu'ils sont petits, parce que, sinon, ils se collent l'un à l'autre : il y en a un qui est dominant, l'autre qui est dominé, et c'est mauvais pour les deux. C'est peut-être pire pour le dominé que pour le dominant. Il vaudrait mieux, dès que possible, les séparer. Quant à la classe, deux maternelles différentes, si c'est faisable... Il faut agir de la sorte le plus tôt possible parce que, lorsqu'ils ont déjà pris l'habitude d'être toujours collés ensemble, on ne peut plus les séparer et, au moment de la puberté, ça se transforme en une guerre terrible : aucun d'eux n'admet l'arrivée d'un troisième élu de l'autre. Il y en a toujours un qui se pose comme rival de l'autre, si celui-ci se met à faire attention à un petit camarade. Il vaut donc mieux qu'ils ne soient pas, sans arrêt, sous les yeux l'un de l'autre. Qu'ils soient jumeaux ou non, les enfants doivent être vus par leurs parents comme des personnes totalement différentes. C'est très important, même s'ils se ressemblent beaucoup.

J'ai souvent entendu dire, autour de moi : « Les jumeaux, on ne les sépare pas. » Ce n'est pas parce que, avant de naître, ils ont été ensemble, qu'il faut qu'on continue à les

Lorsque l'enfant paraît

voir comme le reflet l'un de l'autre. C'est comme si on les « chosifiait » : on les réfère toujours à leur passé... Il faut les juger aujourd'hui et, *aujourd'hui*, ils sont différents. Généralement, ils ont un parrain et une marraine différents ; que ceux-là les emmènent séparément. Vous voyez, il faut tout le temps les distinguer l'un de l'autre, leur permettre de développer des personnalités aussi différentes que possible.

Et puis, là aussi, ne pas hésiter à parler, à expliquer.

Naturellement.

Dire « non » pour faire « oui »
(Obéissance)

Cette lettre-ci pose le problème de l'autorité dans la famille : « Je voudrais bien savoir à partir de quel âge on peut exiger d'un enfant l'obéissance : ramasser ses jouets, rester à table, aller au lit, arrêter de jouer, fermer une porte. » Cette femme a un enfant de deux ans. Elle ajoute : « Il faut que je ruse à longueur de journée afin de me faire obéir car, depuis quelques mois maintenant, il entre dans une période du "non" systématique, qui s'affirme de plus en plus. »

Cet enfant est en train de muter sa psychologie de bébé, qui ne pouvait pas manquer de faire ce que sa maman lui demandait ; auparavant, il était toujours comme sa mère le voulait, parce que sa maman et lui ne faisaient qu'un. Il arrive maintenant à distinguer « moi-moi » de « moi-toi » : il devient autant « moi » que sa maman. C'est la période du « non », qui est une période très positive si la mère la comprend. L'enfant *dit* « non », pour *faire* « oui ». Cela veut dire : « "Non", parce que tu me le demandes » et, immédiatement, « mais, en fait, *je* veux bien le faire, *moi* ».

La maman pourrait beaucoup aider son enfant, en lui disant : « Tu sais, si ton père était là, je crois qu'il te le dirait aussi. » Elle ne doit pas insister trop. Quelques minutes après, l'enfant le fera. Il le fera pour devenir un « homme », et ne pas rester un « enfant » qui est commandé, comme un chien, comme un « petit », qui a besoin d'un maître. Or, lui, il est en train d'advenir à la possibilité de dire : « Moi... je... » Ce n'est pas très commode pour la maman, mais c'est un moment très important.

La mère parle aussi de « ranger ». Eh bien, un enfant ne peut pas ranger sans danger avant trois ans et demi-quatre ans. Un enfant qui range trop tôt peut devenir obsessionnel...

A savoir ?

Quelqu'un qui, plus tard, fera les choses pour les faire, mais non pas parce qu'elles ont un sens : selon une espèce de rite. Il n'est plus dans le vivant : il est soumis comme une chose aux autres choses. Alors que l'utilité de ranger, les parents, eux, la connaissent bien, l'enfant, pas du tout : plus il y a du désordre, plus il se sent dans le droit de vivre. Quand un enfant joue, il met du désordre, c'est obligatoire. Il n'a pas encore *son ordre*. *Son ordre* va arriver à sept ans. Il peut néanmoins commencer à ranger à quatre ans, surtout si, chaque fois qu'il est question de ranger, la mère lui dit : « Bon ! Maintenant, avant de faire autre chose, nous allons ranger. Tiens ! Aide-moi. » Elle fait les trois quarts du travail, il en fait le quart, à regret, mais il le fait. Au bout d'un certain temps, il le fait aussi parce qu'il voit son père ranger. Mais attention ! Les garçons dont le père ne range jamais ont beaucoup de peine à devenir « rangeurs ». Il faut se faire aider par le père qui peut, par exemple, dire à son fils : « Tu vois, moi, je n'ai pas appris à ranger quand j'étais petit. Cela me gêne beaucoup. Je ne retrouve pas mes affaires. Ta mère a raison. Essaie de devenir plus *rangeur* que moi. » Et, c'est un fait connu, les garçons ne deviennent pas « rangeurs », justement, parce que c'est leur mère qui voulait qu'ils rangent, quand ils étaient petits, et qu'ils n'ont pas été aidés par leur père, soit par l'exemple, soit en paroles qui leur font comprendre la gêne que le désordre apporte à la vie quotidienne.

Quant aux autres problèmes : rester à table ou aller au lit ? Si un enfant dit simplement : « Non » et n'y va pas ?

Mais, ce n'est pas « bien » d'aller au lit quand on n'a pas sommeil ! L'important, pour les parents, c'est d'avoir la paix, à partir d'une certaine heure du soir. A ce moment-là, il faut dire : « Eh bien, maintenant, c'est l'heure de *nous* laisser tranquilles ; *nous* voulons être tranquilles ! va dans ta chambre et tu te coucheras quand tu auras sommeil ! » C'est tout. L'enfant se couchera, non pas parce qu'on l'y oblige, mais parce qu'il a sommeil ; ou, alors, il s'endormira sur un bout de tapis, à un endroit où il aura moins froid ; une heure ou deux après, les parents le mettront dans son lit. Les rythmes de la vie, il faut que l'enfant les apprenne par lui-même. Si c'est la mère qui commande et décide de tout, finalement, il n'aura plus son corps à lui : son corps appartiendra encore à l'adulte. C'est un danger pour l'acquisition de l'autonomie.

Une autre lettre concerne également les petits problèmes du soir dans les familles. Une mère écrit : « J'ai un petit diable qui a quatorze mois. Mais déjà, à huit mois, il avait cassé les barreaux de son lit pour pouvoir descendre et taper à la porte quand il ne voulait plus dormir. Maintenant qu'il a quatorze mois, il a trouvé un autre système. Il s'endort très souvent devant la porte-fenêtre de l'appartement. Il finit par s'endormir par terre. Nous n'avons pas voulu le perturber. Nous avons simplement installé un tapis un peu plus épais, pour qu'il n'ait pas froid. Assez curieusement, depuis que nous avons installé ce tapis, il y va de moins en moins. » Et les questions : « Qu'est-ce qui peut attirer un enfant dans le coin d'un appartement ? Le paysage, derrière la porte-fenêtre, ou les lumières dans la rue ? Peut-être aussi le frais, parce que c'est un enfant qui n'aime pas du tout les draps et les couvertures, qu'il repousse perpétuellement ? Pourquoi y va-t-il moins depuis qu'il y a un tapis ? »

C'est un peu compliqué ; je crois que, même si la mère n'avait pas mis de tapis, au bout d'un certain temps il aurait fait la même chose. Au début, l'enfant va vers quelque chose qui lui semble être une issue : il aimerait bien, par exemple, aller se promener dans la rue. Pourquoi pas, après tout, puisqu'il n'a pas sommeil ? Alors, il va là où, peut-être, il y a à voir quelque chose. Il se distrait. Il ne sait pas encore lire, regarder les images tout seul. Donc, il va voir ce qui bouge, la vie...

Quand les enfants se couchent, il ne faut pas ranger leurs jouets avant qu'ils s'endorment. Il faut d'abord les coucher et ranger les jouets après. Les jouets, ça fait partie d'eux-mêmes... : ça va dormir parce que, eux, ils vont dormir. Et, cet enfant, il voit que la vie continue. Peu à peu, il s'habituera à son propre rythme et à ses besoins de repos et de sommeil. Dans quelque temps, il montera seul dans son lit. Pour l'instant, il en a cassé les barreaux, c'est bien ; il n'en a plus besoin.

A huit mois, c'est déjà une belle performance !

Oui, c'est qu'il est fort ! Dès qu'un enfant devient un peu acrobate, il faut mettre à côté de son lit, pour qu'il n'en tombe pas, un système d'escaliers, ou une chaise, un petit tabouret, pour qu'il puisse descendre facilement de son lit en enjambant les barreaux : rien n'est plus mauvais pour un enfant qui ne dort pas, que de se sentir enfermé dans une cage. Surtout pour l'enfant unique, c'est difficile... Dès qu'ils sont deux ou trois dans la même chambre, c'est très bien, parce qu'ils s'amusent jusqu'au moment où le premier s'endort.

A propos de la période du « non » chez les enfants...

Elle se place autour de dix-huit mois pour les garçons très précoces ; chez d'autres, à vingt et un mois... C'est un moment à respecter, à ne pas prendre à contre-pied. Ne rien répondre. L'enfant fera un peu plus tard ce que sa mère lui a demandé.

Revoici le repas familial. C'est une mère qui vous écrit : elle a une fille de cinq ans, qui est l'aînée de deux autres enfants. Son mari et elle ne sont pas d'accord quant à la façon d'apprendre à cette enfant (très jeune) à bien se tenir à table : « A mon avis, mon mari lui demande beaucoup trop pour son âge, car il exige que cette petite fille se tienne droite, les coudes au corps, mange la bouche bien fermée, sans faire de bruit. Et, moi, j'estime qu'il faudrait plutôt aller par paliers, attendre que quelque chose soit acquis pour aller plus loin, pour demander plus. Pendant la semaine, les enfants prennent leurs repas dans la cuisine mais, le dimanche, les repas deviennent réellement éprouvants pour tout le monde, à cause des remarques constantes de mon mari à notre fille. Comment arriver, en fait, à un équilibre entre repas d'éducation, d'une part, et repas d'agrément, d'autre part ? Que peut-on vraiment demander à un enfant de cinq ans ? Est-ce qu'il ne faut pas attendre un peu plus ? » Autre aspect, qui est assez important : « Mon mari donne à notre fille des coups de fourchette, légers, bien sûr. » Cette dame s'empresse de préciser, par ailleurs, que le papa est exemplaire, qu'il joue beaucoup avec ses enfants, qu'il les aime bien, qu'il suit leurs études, qu'il leur lit des livres... Mais, enfin, à table, cela frise quand même un peu l'hystérie...

C'est bien ennuyeux que la mère nous écrive sans que le père nous ait donné son avis lui aussi. Je dois dire que cette petite, à cinq ans et demi, devrait manger tout à fait comme une grande personne. Il est possible qu'à force de faire manger les enfants seuls, dans la cuisine, la mère ne leur ait pas appris à manger proprement. Un enfant peut le faire sans problèmes à trois ans. Tout à fait comme un adulte. Je crois que le père voudrait, en quelque sorte, que sa fille soit bonne à manger des yeux ; il la traite même un peu comme une denrée alimentaire : il la pique avec une fourchette ! Il voudrait que sa fille soit vraiment parfaite – parce qu'il l'adore, probablement – et elle doit sentir cela. Je me demande si tout ça ne vient pas surtout de l'angoisse de la mère, si la petite n'en joue pas un peu. Elle sent très bien que son père et sa mère sont brouillés, à cause d'elle, pour l'histoire des repas. Il faudrait, au lieu de se mettre dans

Lorsque l'enfant paraît

tous ses états à propos de ce qui se passe à table, que la mère prenne la petite fille, le jour où le père n'est pas là, et qu'elle lui dise : « Écoute, nous allons nous arranger pour que tu manges parfaitement bien ; ton père a raison : il faut que tu arrives à manger bien. Ça t'amuse peut-être, que ton père, à table, ne s'occupe que de toi. Eh bien, moi, je n'aime pas ça. Ce serait beaucoup plus agréable si, à table, on parlait d'autre chose. »

On dirait que c'est la guerre au moment des repas. Pour la mère, c'est très mauvais. Pour la petite, ce n'est ni bon ni mauvais, cela n'a aucune importance, pour ainsi dire, puisque ce sont des privautés de papa vis-à-vis d'elle qu'elle obtient, en rivale triomphante de sa mère. Ce qui est ennuyeux, c'est qu'il n'y a plus de repas de famille. Alors, que la mère fasse cet effort auprès de sa fille. Je crois que celle-ci peut arriver à manger proprement en moins d'une semaine.

Si vous me permettez une remarque personnelle, il y a quand même une grande marge entre manger proprement et être à l'armée... Est-ce qu'on peut vraiment demander à une enfant de cinq ans, non seulement de manger proprement, mais aussi de se taire, de manger la bouche fermée ? Est-ce vraiment important pour son éducation ?

C'est important uniquement parce que son père l'exige...

Aurait-il raison de ne pas y attacher d'importance ?

S'il n'y attachait que l'importance nécessaire, eh bien, je suis sûre que la petite mangerait déjà proprement. Elle provoque son père pour qu'il y ait des histoires ; c'est très drôle, à cinq ans, de voir que papa et maman se disputent à cause de soi. Et, même si sa mère ne le dit pas, la fille, elle, le sent et, finalement, c'est elle qui est la reine pendant le repas, puisque le père ne s'occupe que d'elle. Je me demande si la mère ne pourrait pas prendre à part son mari – en dehors, bien sûr, des heures de repas et pas devant les enfants – et lui dire : « Et si les enfants continuaient à manger avant nous, même pendant le week-end, jusqu'à ce qu'elle mange parfaitement bien ? » Peut-être que, lui, ça l'amuse beaucoup aussi. Je n'en sais rien. Là c'est déjà un autre problème : celui du père, qui, lui, n'a pas écrit de lettre et ne se plaint de rien, recommence à tous les repas le même scénario, comme s'ils étaient, lui et sa fille, deux clowns qui se jouent un sketch réussi.

Une question que j'allais vous poser c'est : y a-t-il une période du gros mot ? Je m'explique : une mère de trois enfants – deux garçons de sept et quatre ans et une fille de trois ans – nous écrit ceci : « Personnellement, je ne suis pas trop sensible aux gros mots. Mais, enfin, c'est quand même un peu délicat en société, quand les gens sont là, d'entendre les enfants se balader dans l'appartement en jurant comme des charretiers. Ce n'est pas une habitude dans notre famille de dire des gros mots. Donc, ça vient de l'école. » Elle ajoute : « Le dernier, d'acquisition récente, c'est "putain". Ils disent : "Putain ! Putain ! Putain !" La précédente mode, qui était "caca boudin" : semble déjà être tombée en désuétude, ce qui me paraît de bon augure pour les suivantes. (...) Qu'est-ce que je dois faire ? dois-je faire la sourde ? »

Pour un enfant, dire des gros mots, *ça le pose*. C'est formidable, il est vraiment une grande personne. Et même en écrire sur les murs, dès qu'il sait écrire, c'est formidable. Ce qu'il faut leur dire c'est, par exemple : « Eh bien ? Qu'est-ce que vous savez comme gros mots ? » Ce sera vite fini. Il y en a quatre, cinq... Et le père dira : « Tu n'en sais que quatre, ou cinq ? Écoute ! Apprends-en davantage parce que, à l'école, il faut que tu en aies de nouveaux. » Et puis, au père d'en inventer, n'importe lesquels, s'il est à court. Et de dire aussitôt : « Ça, c'est pour l'école. Ici, tu dois vivre comme tes parents. Mais, surtout, il faut tous les savoir. Et si tu ne sais pas les écrire, je te montrerai comment on les écrit. » L'enfant en sera très content : c'est donc permis quand il est au milieu de ses camarades parce que *ça le pose* et, à la maison, on vit comme à la maison ; chaque maison, chaque famille, selon son style.

Quand les enfants sont dans leur chambre, avec la porte fermée, eh bien, la maman ne doit pas écouter à la porte. C'est leur monde à eux. Et quand, par hasard – ça arrive – ils prononcent des gros mots devant tout le monde, il faut leur dire : « Ici nous sommes en société. Fais comme les grandes personnes..., sans ça, tu auras l'air d'un bébé. » Quand il s'agit d'enfants qui ont *vraiment besoin* de prononcer des gros mots, alors, la mère dit : « Ça, tu vas le faire au cabinet. Tout le gros va se faire au cabinet. Alors, vas-y ! Je t'en prie, soulage-toi au cabinet. » Et elles seront très étonnées, les mères, d'entendre les enfants hurler dans les cabinets tous ces gros mots et, après, de les voir contents. Parce qu'*ils ont besoin* de les sortir. Il y a aussi ce qu'on appelle des enfants « répondeurs ». La réplique de la maman doit être dans le genre : « Tu sais, moi, je n'ai rien entendu, j'ai mis mes filtres. » L'enfant ne sera pas dupe : la réponse signifie que ce n'est pas bon de dire tout ça. Et parce que la mère l'a fait entendre avec malice, l'enfant lui en sera reconnaissant.

Nus, devant qui ?

Nous avons déjà évoqué les problèmes de la nudité des parents devant leurs enfants, et vous y aviez répondu assez rapidement, parce que ça ne semblait pas un problème très important... Eh bien, il y a une avalanche de lettres de contestations et surtout beaucoup de naturistes qui nous écrivent...

Alors, ce serait intéressant d'en parler plus longuement.

D'abord, les naturistes : « Nous emmenons nos enfants régulièrement dans des centres de naturistes. Nos enfants n'ont jamais honte de leur corps ou du corps de leurs parents. » Ça leur paraît, par ailleurs, un excellent départ pour l'éducation sexuelle de leurs enfants.
Puis une lettre d'une mère, qui n'est pas d'accord non plus sur ce que vous avez dit : « Il faut être naturel en tout. » Elle vous reproche, donc, d'avoir un jugement trop tranché sur le nu. Enfin, d'autres n'ont pas très bien compris ce que vous aviez dit ; ils ont compris que, selon vous, il ne fallait pas que les parents montrent de la tendresse devant leurs enfants. Alors là, je crois que c'est un autre problème ; il ne faut pas tout mélanger...

D'abord, je n'ai jamais parlé de honte. C'est justement le contraire. Les enfants sont très fiers du corps de leurs parents : pour eux, leurs parents sont toujours parfaits dans leur nudité, comme partout ailleurs. Mais, il y a des périodes dans la vie de l'enfant où il ne voit pas toutes les choses. Quand il est petit, il ne voit pas les organes sexuels, par

Lorsque l'enfant paraît

exemple. C'est seulement à partir du moment où il s'aperçoit de la différence sexuelle (et pas seulement sexuelle), de la différence entre toutes les formes, qu'il commence à « voir » vraiment, à observer les corps. Les adultes doivent savoir, par exemple, qu'un enfant, entre dix-huit mois et deux ans et demi, n'a pas du tout le sens du volume et de la différence. Le moment où il s'aperçoit des différences est très important, puisque c'est là que se structure la réalité. A cet âge-là, la différence de volume est donc, pour l'enfant, différence de beauté : *le grand est mieux que le petit* ; il se sent inférieur aux adultes, alors que, à ce même moment, il est déjà capable d'une parole aussi bien formulée que celle d'un adulte. Cependant, il n'est pas capable de valoir autant, sur le plan sexuel et sur le plan corporel, que ce « merveilleux », papa ou cette « merveilleuse » maman. Voilà précisément ce que je disais.

Quant aux adultes qui, sur les plages, se dénudent, eh bien, c'est *du social*, et cela n'intéresse ni plus ni moins les enfants que tout ce qu'ils découvrent dans le monde. Qu'ils sachent que leurs parents sont bâtis comme tous ces autres adultes, pourquoi pas ? Mais, les parents, c'est autrement important : le fait d'avoir quotidiennement sous les yeux leur nudité fait que les enfants continuent de ne pas vouloir les voir. Ils y mettent comme un – comment dire ? – comme un cache imaginaire, parce que la nudité des parents, leur beauté, les blesse. Et ça, les parents ne le comprennent pas.

Au contraire, à partir de cinq ans et demi, six ans, sept ans selon les enfants, ceux-ci ne font attention à rien d'autre qu'à eux-mêmes et à leurs copains. Donc, à partir de là, les parents peuvent faire ce qu'ils veulent, à condition de ne pas obliger les enfants à faire comme eux. Mais les enfants sont mis de nouveau en état d'infériorité, au moment de la prépuberté. J'ai vu moi-même pas mal d'incidents psychologiques chez des fillettes qui devaient subir ou avaient subi des vacances en camp de nudistes pour la première fois ; les parents pensaient que leur fille était « assez grande », et elle-même était très contente à l'idée d'aller là. Et puis, au retour, les parents ne comprennent plus pourquoi ces jeunes filles – parce que j'en ai vu au moins six – s'éteignent, deviennent très timides. Quand j'ai eu l'occasion de les voir en psychothérapie, à l'hôpital, c'était comme si elles s'étaient caché la réalité : *elles ne voulaient plus rien voir du tout.* Elles se cachaient également à elles-mêmes : « Moi, je suis tellement laide ! Moi, je suis tellement moche ! Les autres filles sont tellement bien ! » En réalité, elles étaient particulièrement bien bâties. Ça donne à réfléchir. C'est même très curieux que, plus les jeunes filles et les jeunes garçons sont beaux, plus ils se croient moches. Pourquoi ? Parce que, si tout ce qu'ils ont se voit..., qu'est-ce qui se passe pour leur *valeur* de personne ? Ce qui devient inquiétant au moment de la puberté, c'est qu'ils se sentent dévorés des yeux par les autres.

Voilà pourquoi j'ai dit que la nudité des parents n'est pas sans danger pour leurs enfants ; ce n'est pas du tout parce que je trouve cela inconvenant. Il y a des moments très particuliers dans l'évolution de la sensibilité des enfants. S'il s'agissait de nudité entre enfants à peu près du même âge, il n'y aurait aucun sentiment d'infériorité. Tout cela, pour ceux qui ont demandé mon avis... Ceux qui savent ce qu'ils doivent faire, qu'ils continuent ! Il ne faut pas les inquiéter.

Est-ce qu'il serait logique, par exemple, pour ceux qui pratiquent le naturisme, d'aller passer des vacances dans un camp de naturistes et, une fois rentrés à la maison, de ne plus se montrer nus devant leurs enfants ?

Pourquoi pas ? Mais enfin, je crois qu'il faudrait demander d'abord aux enfants leur avis et ne pas leur imposer quoi que ce soit. Chaque fois qu'il y a des difficultés entre parents et enfants, c'est parce que l'enfant n'a pas été libre de dire non à ce qui lui était proposé, ou parce que dans le cas où il a acquiescé et où, à l'expérience, il change d'avis, son refus n'est pas accepté.

Certaines lettres parlent d'une sorte de « retour au naturel ». Une mère nous dit : « On ne se cache pas pour man-

Lorsque l'enfant paraît

ger et l'on ne se cache pas pour dormir. Pourquoi est-ce qu'il faudrait se cacher lorsqu'on se baigne ou quand on se déshabille, par exemple ? » D'autres parents pensent aussi que le fait de se promener nus devant les enfants peut être un excellent début d'éducation sexuelle.

Moi, je ne le crois pas. Les parents qui se montrent nus en toute occasion ne permettent tout de même pas aux enfants de toucher leur corps ou leur sexe. Jusqu'où ça irait, en fait ? C'est extrêmement troublant, pour un être humain, de ne pas être initié à l'interdit de l'inceste. C'est sur l'interdit de l'inceste que se construit la valeur d'un sujet : il ne *peut* pas, au point de vue de l'énergie de sa libido (c'est-à-dire de la richesse de son énergie sexuelle), retourner à sa mère (si c'est un garçon), à son père (si c'est une fille).

L'énergie sexuelle – pour en donner une image –, c'est un peu comme une rivière, qui part de sa source et va à l'océan. Eh bien, si une rivière s'arrête en chemin, elle devient un lac, qui n'a plus de dynamique. Et, si la rivière remonte à sa source, où va-t-elle se déverser ? Elle va s'accumuler, s'accumuler : c'est cette accumulation d'énergie qui crée des tensions chez l'enfant.

L'interdit qui frappe l'inceste n'est pas assimilé par l'enfant avant, au plus tôt, sept, huit, neuf ans selon les enfants. Avant cela, l'enfant qui a une excitation sexuelle veut toucher ce qui l'excite ; et à ce moment-là, il entre dans un état de tension sexuelle qui, chez les garçons, est visible dans l'érection ; chez les filles, cet état ne se voit pas, mais il est tout aussi réel et ressenti avec précision, excitant un désir de corps à corps.

Quant à l'éducation sexuelle, cela n'a presque rien à voir avec la forme et l'apparence des organes sexuels. Il s'agit surtout d'une éducation de la sensibilité, qui commence justement par l'interdit de téter sa mère toute sa vie, l'interdit de se faire torcher par elle toute sa vie, l'interdit de pouvoir avoir des privautés sexuelles avec elle. Cette mère nous dit : « Nous mangeons devant tout le monde... » Bon ! Peut-être que tous ses besoins, elle les fait en public, devant sa famille ! Mais, cela m'étonnerait qu'elle aille jusqu'à demander à ses enfants d'assister à ses rapports sexuels...

Non. D'ailleurs, elle précise qu'il n'est pas question de faire de l'exhibitionnisme. Elle ne va pas aller chercher l'enfant quand elle se déshabille. Mais elle précise néanmoins : « Nous ne fermons aucune porte à nos enfants. » Voilà !

Mais alors, il faut qu'elle permette à ses enfants de fermer, eux, leur porte s'ils le veulent. Car, certains enfants, vers sept, huit ans, ne veulent pas être vus nus par leurs parents. C'est curieux, mais c'est vrai. Et on peut voir aussi des parents qui les grondent : « Tu dois laisser ta porte ouverte quand tu te laves », alors que l'enfant veut justement la fermer. Il faut toujours respecter ce que l'enfant désire lorsque ce n'est pas nuisible. Or, lorsqu'on s'impose trop, finalement, il veut se défendre et souffre de ne pas pouvoir le faire. D'ailleurs, je crois que la plupart de ces parents qui ont le désir de « nature », de nudité, ont eu eux-mêmes des parents par trop rigides. Ceux qui ont eu des parents naturistes savent très bien qu'il y a eu une période de leur vie où ça les a gênés et où, au lieu de stimuler leur sexualité à travers leur sensibilité, cela a stimulé une réactivité sexuelle qui ne faisait vibrer que le corps. Or, le corps et les sentiments doivent aller de pair. C'est toute une maîtrise de soi que d'arriver à l'âge adulte, avec à la fois désir et maîtrise du désir et responsabilité de ses actes. Pourquoi les humains cachent-ils par pudeur leur sensibilité sexuelle ? Justement parce qu'ils ne veulent pas être à la merci de tout un chacun qui, en voyant dans leur corps le signe de leur désir – un désir physique qui ne correspondrait pas à leur sensibilité, à leur éthique ou à leur intelligence –, pourrait profiter d'eux. Mettant à nu leur désir, ils se retrouveraient désarmés devant n'importe qui : « Eh bien, tu me désires. Alors allons-y. » Ce qui distingue sur le plan sexuel les humains des animaux, c'est bien l'amour de l'autre associé au désir ; c'est l'éthique humaine qui réprouve le viol

Lorsque l'enfant paraît

comme atteinte à la liberté de l'autre, et désir non accordé par le langage entre les partenaires.

Au moment des pulsions incestueuses de l'Œdipe, au moment de la puberté, les pulsions sexuelles peuvent déborder les barrières de la morale consciente et créer chez les individus des conflits existentiels. Ce sont des périodes sensibles, où le rôle des adultes vis-à-vis des jeunes qu'ils ont la charge d'aider à connaître et maîtriser leur désir, n'est pas de profiter du trouble de la sexualité sans expérience des jeunes. A court terme, cela provoque séduction et dépendance, le contraire de l'autonomie et de l'accès au sens des responsabilités. A long terme, cela entraîne refoulement ou dérèglement de la sexualité, avec éventuellement des conséquences non seulement sur la génitalité adulte mais aussi pour l'équilibre de la personnalité et la confiance en soi, du fait des échecs culturels qui s'ensuivent.

Voilà pourquoi le parti pris nudiste de certains parents me semble aussi dangereux, dans l'éducation, que le parti pris du silence total concernant le corps et que l'absence d'information. C'est au nom de la prophylaxie des névroses que je dis ceci.

« On dirait qu'elle est morte »
(Agressivité)

Voici encore une maman déroutée. Elle a écouté avec beaucoup d'attention ce que vous avez dit sur le problème de la mort... « Moi, j'ai quand même une question à vous poser sur un côté du problème que vous n'avez pas abordé. C'est le désir de l'enfant de tuer son père ou sa mère, suivant son sexe. Le désir, notamment, de ma fille que je sois morte. Ce problème, j'essaie de le comprendre. J'avoue que c'est un peu difficile. Son plaisir, c'est de jouer au papa et à la maman avec nous. Alors, elle se raconte ceci : "Tu serais le papa – elle dit ça au père –, tu serais le bébé – à sa mère – et moi, je serais la maman..." Il nous arrive très souvent d'entrer dans son jeu, mais, parfois, on n'en a pas envie. La petite dit alors : "Bon ! Je suis le papa et vous les enfants." Et si on lui demande où est la maman, elle répond : "Elle est morte." L'autre jour, elle était avec une de ses amies, âgée de six ans, aucune des deux ne voulait être la maman. "Eh bien, on dirait qu'elle est morte..." »

Vous voyez, les enfants utilisent le conditionnel ; ce conditionnel est très important pour entrer dans le fantasme, dans le monde imaginaire. Car c'est dans un monde imaginaire que cela se passe, un monde totalement différent de la réalité. On voit des petits garçons, par exemple, jouer avec un fusil ou un revolver et « tuer » tous les gens... Eh bien, ils sont ravis quand on leur dit : « Ça y est, je suis morte ! » tout en continuant à vaquer à ses occupations. Ils ont besoin de fantasmes leur permettant de quitter cette terrible dépendance qu'ils ont vis-à-vis des parents dans la réalité. Ils imaginent alors qu'ils sont dans un autre monde où ils pour-

Lorsque l'enfant paraît

raient être des adultes : si l'on était dans ce monde-là... Mais, on n'y est pas. Et ce n'est pas du tout la peine que les parents se mêlent aux jeux des enfants. Il vaut mieux qu'ils ne s'en mêlent pas. Cette dame nous dit encore : « Oui, je sais bien, le complexe d'Œdipe... » C'est vrai. C'est comme cela que ça se vit, et ce qu'il faut c'est que les parents ne prennent pas un air chagriné. Au contraire, qu'ils acceptent verbalement d'être morts, mais qu'ils ne miment ni ne jouent à être morts, puisqu'ils *seraient* morts, si on était dans un autre monde. Tout cela, c'est très positif pour l'enfant.

Vous venez de parler d'enfants qui jouent avec des fusils ou des revolvers. Il y a beaucoup de parents qui s'insurgent contre, justement, cette industrie du jouet un peu meurtrier. Est-ce que ça vous choque ? Faut-il empêcher les enfants d'avoir ce genre de jouets...

Si on ne leur en offre pas, ils en fabriquent avec du carton ou avec n'importe quoi. Ils ont besoin de ces fantasmes de maîtrise de la vie et de la mort. C'est ça, un être humain. Il faut qu'il arrive, si l'on peut dire... je ne trouve pas le mot exact, mais ce serait quelque chose comme à « apprivoiser » les mystères de la vie. L'enfant se met dans un monde imaginaire pour y arriver. C'est grâce à ces jeux que l'enfant supporte ensuite la réalité, la restriction à la liberté, imposée à tous par la nature des choses, par la souffrance, par les lois sociales, par la mort. Si les enfants ne pouvaient pas jouer, ils se trouveraient, sans défense, devant cette horrible tuerie qui existe dans le monde. L'imaginaire sert à se défendre du drame de la réalité. Mais que les parents n'entrent pas dans ce jeu ; ce n'est pas la peine non plus de dépenser beaucoup d'argent pour ces jouets de guerre. Qu'ils sachent en revanche que les enfants ont besoin d'y jouer...

Enchaînons sur l'agressivité... Une mère a quatre enfants : une fille de sept ans, un garçon de cinq ans, une fille de vingt-deux mois, et puis un tout jeune fils, qui a deux mois maintenant. Le garçon de cinq ans est très agressif. Il est également très souvent « dans les nuages » et devient hargneux quand on essaie de le sortir de son rêve...

Il s'agit d'un second, après une fille, position difficile pour le garçon : il est probable que, pour la conquête de la réalité, il aurait envie d'avoir l'âge de sa sœur. L'enfant n'est pas encore capable de bien faire la différence, si on ne l'y aide pas, entre grandir à l'image de l'autre et prendre sa place. Pour lui, c'est le danger. Il voudrait faire tout ce que fait sa sœur. Il voudrait *être* sa sœur pour être grand, mais pas du tout pour devenir sexué comme une fille ; en fait, il voudrait devenir comme son père mais sa sœur, plus grande, semble lui barrer le chemin. Je crois que, dans cette famille, le père devrait s'occuper davantage de son fils, avoir des moments de jeu et de paroles seul à seul avec lui : un fils doit être élevé par son père beaucoup plus tôt qu'une fille. Quelquefois, quand le père sera avec son fils, qu'il lui dise : « Oui, les filles ne pensent pas comme *nous*. Toi tu es l'aîné des garçons ; elle, elle est l'aînée des filles. Tu es le second en âge, mais tu es l'aîné des garçons. » Comme ça, il permettra à la fille et au garçon de se développer distinctement. A partir de trois ans et demi, ils ont à se développer très différemment quant à l'image de leur corps différemment sexué : la fille en identification à la mère, le garçon en identification au père, et cela jusqu'à leur complète autonomie, qu'on peut placer au plus tôt à l'âge dit de raison, celui de la denture définitive encore incomplète : mettons huit à neuf ans.

Le garçon est agressif. A l'école, par exemple, ça se traduit par des bagarres mémorables...

Il veut « montrer » *qu'il est* un garçon.

La mère ajoute : « Je ne sais plus trop que faire. Je voudrais qu'il arrive à contrôler cette agressivité spontanée. »

Et, elle ajoute, entre parenthèses : « Chez nous, peu de télé ! » Donc, je crois qu'elle pense à l'influence nocive des films...

Peut-être oui... Mais ici, il s'agit plutôt de l'influence insuffisante d'un homme adulte dans la vie de ses enfants, surtout de ce garçon. Il faut que la mère s'arrange pour qu'il aille avec des garçons, qu'elle lui dise : « Tu es un garçon, ta sœur est une fille. Tu es le premier des garçons et c'est pourquoi tu es comme ça. Ton père va t'aider, tu ne peux pas rester toujours aussi agressif. Toute ta force c'est très bien, mais tu peux l'utiliser autrement. » Le père lui montrera des jeux de garçons, des jeux sociaux, des jeux de force et de maîtrise, des jeux d'adresse, tout ça... La mère s'occupera davantage de sa fille. La combativité est une qualité sociale, une marque de virilité (mais aussi de féminité) éduquée.

Existe-t-il des cas d'agressivité, en général ?

Ce garçon-ci est à l'âge le plus agressif : c'est entre trois ans et demi et sept ans que les garçons sont le plus agressifs, jusqu'au moment où ils ont découvert que la virilité, ce n'est pas l'agressivité, en elle-même, ni la force spectaculaire, mais l'usage qu'ils en font dans l'acceptation des lois de la société, l'intelligence de la conduite et des buts, le respect et la tolérance des autres, l'esprit de participation, l'amitié, l'amour, la responsabilité. Tout cela, chez un petit gars fougueux, demande l'amour et l'attention d'un père qui reconnaisse dans son fils ces qualités, et l'incite, en lui donnant confiance, à les développer. Tout cela ne se fait pas en quelques semaines. Il me semble que cette mère est trop anxieuse et que le garçon est en mal de père. Peut-être elle-même n'a-t-elle pas eu de frère ? Des mères fille unique sont démunies face à l'éducation des garçons, et des pères fils unique face à l'éducation de leurs filles.

« On », c'est qui ?
(Papa et maman)

Une mère vous pose une double question. Elle a une petite fille de trois ans, qui est tout à fait adorable mais qui, par ailleurs, pleure, dès qu'on lui demande de faire quelque chose, et ne dit jamais pourquoi...

Qui, « on » ? Elle dit que c'est « on » qui demande. Est-ce la mère qui demande, ou qui ?

C'est elle ou le père...

... parce que cette fillette est peut-être à un stade dont j'ai parlé déjà, le stade de l'opposition. Dès lors, elle voudrait s'opposer à la mère, si c'est la mère qui veut imposer son désir, ou s'opposer au père ou à sa grande sœur... Il n'y a jamais de « on » pour un enfant. Jamais. C'est toujours telle ou telle personne. C'est peut-être une enfant qui a peur, qui se sent inférieure à la tâche que les parents lui proposent (ce serait une enfant, comme nous disons dans notre jargon, « inhibée », qui n'ose pas agir). Peut-être a-t-elle, deux ou trois fois, été maladroite et se croit-elle vraiment très maladroite. Je ne peux pas répondre à une question qui est trop vague.

Il y a dans la même lettre une question plus précise. Cette dame a lu dans un article les théories d'un psychologue américain, qui s'appelle le Dr Gordon, et qui part de ce que la plupart des manuels recommandent aux parents qui ne sont pas d'accord avec leur enfant, de lui présenter un front uni.

Lorsque l'enfant paraît

Il s'agit là d'une erreur fondamentale. Deux individus différents ne peuvent pas être toujours du même avis...

Bien sûr... et l'enfant en prend conscience très vite ?

Cela pose surtout la question de l'opinion que chacun est en droit d'avoir et de soutenir. On discute et puis, on n'est pas du même avis : le père et la mère, ou la grand-mère et la mère, enfin deux personnes adultes ne sont pas du même avis. L'enfant entend qu'ils ont un différend. Je crois que, lorsque des parents en arrivent ainsi à des discussions entre eux, si l'enfant est présent, il faut le lui faire remarquer : « Tu vois, nous nous entendons bien. Et pourtant, nous avons des idées différentes. C'est comme ça. » Lorsqu'il s'agit de prendre une décision pour l'enfant – il y a des parents dont l'un gronde l'enfant pendant que l'autre trouve qu'il exagère – dans ce cas-là, il vaut mieux que les parents parlent ensemble du problème en l'absence de l'enfant. Car ce sont des parents, souvent, qui seraient d'accord pour faire à l'enfant une même remarque, mais à condition justement que l'autre ne la fasse pas ; dès que c'est l'autre qui la fait, ils sont tentés de dire le contraire, comme s'ils étaient visés et que l'autre leur reprochait indirectement : « Tu élèves mal ton enfant... » C'est l'esprit de contradiction : un mode de discussion dont l'enfant fait les frais lorsque c'est à son sujet que les parents s'y engagent.

Des adultes qui règlent leurs comptes... ?

C'est ça. Une quérulence derrière laquelle il y a souvent de l'insatisfaction sexuelle. C'est bien dommage, mais qui peut empêcher ça ? Je crois qu'il vaut beaucoup mieux être naturel et dire à l'enfant : « Tu vois, même si nous nous entendons bien, que nous t'aimons, nous ne sommes pas d'accord sur beaucoup de choses. » Cependant, il y a des enfants – surtout à partir de quatre ans et jusqu'à sept ans – qui utilisent énormément les différends entre leurs parents.

Par exemple, ils vont demander une permission à leur mère qui la leur donne, alors que le père à qui ils avaient demandé la même permission avait dit non. « Mais maman a dit oui ! » Ils mettent, de la sorte, constamment les parents en contradiction. Dans ce cas, conscients du manège, les parents devraient étudier la question et se dire que leur enfant est en train de s'amuser à les mettre en bisbille. C'est au moment du complexe d'Œdipe que les enfants jouent à ce jeu à trois. Cela peut devenir, si on n'y veille, un jeu pervers : se mettre bien avec l'un contre l'autre, afin que ce ne soit pas lui-même, mais l'un des parents, qui soit le tiers exclu. C'est, pour l'enfant, une période difficile.

Et si, par exemple, un père explique quelque chose à son fils en employant non pas les mots « ma femme », mais « ta mère » ? Est-ce que c'est important, ça aussi ? Je vous ai entendu dire cela ; est-il vrai que l'enfant comprend la différence de terme ?

Si c'est vrai ? Mais oui ! C'est très important, surtout à partir du moment où l'enfant a sept ou huit ans. Quand la fille ou le garçon, par exemple, sont odieux ou impertinents avec leur mère, le père étant présent, c'est au père de leur dire : « Je ne permettrai à personne dans ma maison d'être odieux et irrespectueux avec ma femme. » La mère doit faire de même, quand le fils dit devant elle des choses critiques ou désobligeantes sur le père. Il arrive que le père absent (ou la mère absente), un enfant parlant à l'autre parent lance des médisances ou des attaques. Il choisit généralement des griefs dont il sent qu'on est bien près, en son for intérieur, de les accepter. Il faut que le parent ait le courage de couper court : « Écoute. C'est mon mari (et non ton père) ou, c'est ma femme (et non ta mère). S'il ne te plaît pas, eh bien, cherche ailleurs. Mais ce n'est pas à moi que tu vas venir raconter ça. Si tu as quelque chose à dire à ta mère (ou : à ton père) dis-le-lui directement. Je n'ai aucun besoin de savoir ce qui se passe entre vous. »

C'est important, que les parents sachent ainsi parler : ne

serait-ce que pour que l'enfant sente qu'ils se respectent l'un l'autre et ne se surveillent pas mutuellement.

Mais il faut savoir aussi qu'un enfant peut chercher à parler à son père, ou à sa mère seuls, sous le couvert de parler de l'autre; après une réponse comme celle que je viens de dire, cela peut s'arranger très bien. « Tiens nous n'avons pas si souvent l'occasion de parler tous les deux, si tu me parlais de toi ? », etc. Ou bien : « Si nous parlions ensemble ? » Je dis cela, parce que, bien souvent, les enfants ne savent pas comment engager la conversation et croient que c'est en se plaignant de l'un qu'ils seront écoutés de l'autre. Quand ils recherchent, en fait, un colloque singulier.

Comment parler de Dieu à un enfant ? Et à quel moment ? La question nous est posée sous une forme plus personnalisée, qui nous ramène aux désaccords entre parents. Il s'agit d'une mère qui a une fille de huit ans; elle est divorcée et remariée depuis deux ans. Elle a, de son nouveau mariage, un bébé de quatre mois. Son précédent mari était témoin de Jéhovah; et la petite de huit ans adhère aux idées de son père. La mère vous demande ce qu'il faut répondre à cette enfant, lorsqu'elle juge tout en termes de bien et de mal : « Celui-ci est bon; celui-ci est mauvais », ou lorsqu'elle lui dit à elle-même : « Tu seras détruite si tu ne deviens pas témoin de Jéhovah. » La mère nous écrit : « Je suis un peu consternée, parce que j'ai passé mon temps à essayer d'ouvrir l'esprit de mon enfant, à lui parler des problèmes de liberté de pensée, à l'élever, justement, dans l'équilibre, et pas en lui donnant des directives en noir et blanc. »

Je vais répondre d'abord à la question : « Comment parler de Dieu ? »

Eh bien, tout simplement, depuis que l'enfant est tout petit, si les parents sont croyants, qu'ils lui parlent de Dieu comme ils le feraient à quelqu'un de leurs amis, simplement comme ils pensent et sans mièvreries. Sans « se mettre à sa portée » comme on dit. Simplement, donc, que l'enfant en entende parler. Puis, un beau jour, il aura l'intuition de ce qu'est Dieu, pour ses parents, qui en parlent. Et ça se fera de soi-même... Pour tout ce qui est important, c'est ainsi que l'on devrait procéder. Parler devant lui, sans le faire à son intention, parce que les adultes aiment à parler de ce qui leur importe.

Mais, on parle toujours, pour les enfants, de l'âge de raison...

La question de Dieu se pose implicitement, bien avant l'âge de raison, car ce n'est pas une question de raison ou de logique. C'est une question d'amour, de parler de Dieu. Et c'est le répondant majeur de l'amour des parents qui sont croyants, pour leur enfant. Une chose importante, c'est de ne jamais joindre Dieu à la punition : Dieu qui punit ne peut pas exister puisque, pour les croyants, Dieu est toute bonté et toute compréhension de l'être humain. Voilà une réponse générale à une question générale.

Et à quel moment ? quand on veut ? comme on veut ?

Comme on veut, oui. Et toujours de la façon dont la mère en parle habituellement. Quand elle est heureuse, elle parle de Dieu d'une certaine façon. Elle en parle autrement quand elle est malheureuse : elle le prie, elle le loue. Eh bien, qu'elle fasse comme d'habitude, et son enfant l'acceptera ou ne l'acceptera pas. Cela n'a pas d'importance. Qu'elle continue d'être elle-même.

Alors, pour passer à la lettre de cette mère un peu consternée parce que sa fillette juge tout en bien ou mal...

Elle peut dire à l'enfant : « Tu me déroutes. Mais je comprends, puisque c'est ton père qui a cette croyance, que tu sois d'accord avec lui. Tu es sa fille et tu peux penser comme il pense. » Et quand l'enfant lui dit : « Tu seras détruite », que la mère ne se fasse pas trop de bile, parce que l'enfant, à cet âge-là, est très contente de dire quelques

Lorsque l'enfant paraît

petites « vacheries » à sa mère. A sept, huit ans, on a besoin de dire : « Eh bien, maman, toi, tu ne comptes pas autant que moi dans la vie. » C'est normal. Que la mère réponde : « Je comprends que cela te fasse de la peine, mais moi j'ai confiance parce que je fais ce que je peux. Tu prieras pour moi ton Jéhovah. » Qu'elle parle comme ça, très gentiment, sans critiquer les croyances du père. L'enfant sentira qu'elle a tout à fait le droit d'avoir la croyance de son père, puis, peu à peu, elle respectera sa mère, justement parce que sa mère se montre tolérante.

Je vous rappelle que la mère est remariée depuis deux ans. Sa fille a maintenant huit ans ; elle en avait six quand ses parents se sont séparés. Est-ce que ça peut venir de là ?

Naturellement. La fillette est très contente d'apporter dans ce foyer – surtout qu'il y a un autre enfant – l'ombre ou la lumière de son papa : « Moi, j'ai *mon* papa ! » Elle amène, comme ça, les croyances du père à l'appui de ses désirs de rivalité, pour bien *se poser* comme différente du petit, qui a un autre père qu'elle. Elle tâte le terrain, si je puis dire, pour exprimer l'ambivalence de son amour envers sa mère (et son beau-père). Pourquoi pas ?

Jouer à l'Œdipe...

Eh bien, nous y voilà : le fameux complexe d'Œdipe. La question concerne quiconque a un enfant : qu'est-ce qui va se passer ? Mon fils ou ma fille, font-ils un complexe d'Œdipe ? Je voudrais partir de deux lettres : voici une mère séparée de son mari depuis six ans et qui a un garçon de six ans : il est né un mois après la séparation. Elle écrit : « J'ai entendu parler du complexe d'Œdipe et on me dit que l'enfant, pour le surmonter, a besoin de la présence du père. Or, mon fils, lui, ne l'a jamais vu, son père. Alors, comment aider mon enfant à résoudre son problème ? » J'ajouterai « éventuel », car il n'est pas sûr que cet enfant ait un quelconque problème.

Elle ne dit pas du tout comment se comporte ce garçon, s'il est possessif et jaloux de sa mère, si elle-même ne voit jamais d'autres personnes ?...

Elle précise justement qu'elle habite chez ses parents, qu'elle a vingt-huit ans et qu'elle ne sort jamais. Elle n'a pas d'amant. Je prends l'autre lettre, avant de vous laisser répondre : elle vient d'une mère de deux enfants, une fillette de quatre ans et un petit garçon d'un an. Or, depuis l'arrivée dans la famille du petit garçon, la fille, elle, est en opposition constante, plus particulièrement avec son père. Avec la mère, elle se montre exigeante, très tyrannique. Elle accapare beaucoup le petit frère ; elle le couve. Elle va à l'école avec plaisir et assiduité. Mais on a un peu l'impression qu'à la maison, elle se défoule. « Or, note la mère, il me semble que, pour une fillette, comme on me l'a dit, la

Lorsque l'enfant paraît

situation œdipienne devrait provoquer l'attachement au père et la jalousie envers la mère. Ma fille ne rentrerait-elle pas dans les normes ? »

Il semble que cette petite fille soit en plein complexe d'Œdipe, justement, c'est-à-dire qu'elle est très jalouse que le père ait donné un enfant à sa mère, et pas à elle. Alors, elle se l'accapare, comme dit la mère, pour faire semblant que c'est elle la maman du bébé. Elle joue à prendre ce bébé, parce que ce n'est pas juste que son père ne lui ait pas donné, à elle qui l'aime, la joie d'être mère !

On peut donc rassurer cette mère... Sa fille est dans les normes ! Et pour revenir à l'autre lettre...

Cette jeune femme, elle-même, en vivant chez ses parents, semble avoir, comme on dit, arrêté un peu son évolution, au moment de la naissance de son enfant. Elle s'est consacrée à l'élever chez ses propres parents : il semble donc qu'il y ait un homme – son grand-père – et que l'enfant peut se développer garçon en identification à cet homme, puisqu'il est là. Mais peut-être que cet enfant est assez possessif ; ou peut-être aussi considère-t-il sa mère comme une grande sœur, puisqu'il vit chez ses parents à elle. Je ne peux rien dire là-dessus. D'ailleurs, elle ne dit pas si son fils a des problèmes. Toutefois, il doit porter le nom de son père, puisque, d'après la lettre, elle a été mariée avec cet homme. L'enfant sait donc qu'il a un père, et que c'est son grand-père qui a pris, en quelque sorte, le relais pour lui.

La situation est complexe pour ce garçon. De toute façon, son identité de garçon, il l'a certainement. Quant à elle, elle a certainement une identité de fille, mais je ne suis pas sûre qu'elle ait encore actuellement une liberté et une identité de femme. Peut-être est-ce le jour où cette femme se permettra de vivre sa vie de femme, que son enfant se montrera jaloux de l'homme qui aura plus de droits sur elle que n'en ont son propre père et son fils. En tout cas, un élément d'entrée dans le complexe d'Œdipe, c'est-à-dire cette relation où l'enfant s'identifie à l'adulte, en voyant dans cet adulte l'image achevée de lui-même et le modèle pour devenir adulte, cet enfant l'a certainement dans son grand-père. Pour l'instant, il doit sans doute marquer le pas et rester un peu « ignorant » concernant la sexualité...

Comment les parents doivent-ils réagir lorsque le complexe se manifeste ?

Eh bien, selon leurs propres désirs à eux. Savoir d'abord que c'est là quelque chose de normal. Dire à l'enfant : « Quand tu seras grand, tu feras ce que tu voudras. Pour l'instant, tu ne peux pas encore avoir une femme à toi (si c'est un garçon) ou un homme à toi (si c'est une fille). Tu aurais envie d'être déjà une grande personne, tu voudrais faire comme les adultes. Peut-être, comme bien des petits garçons, tu voudrais devenir le mari de ta mère (ou la femme de ton père). Ce n'est pas possible pour de vrai. C'est comme ça, la vie. »

Encore une fois, ne pas hésiter à dialoguer avec l'enfant.

Bien sûr. Et puis, dire au garçon que, quand son père était petit, il a souffert des mêmes choses que lui ; et que, lorsque sa mère était petite, elle a souffert des mêmes interdits que sa fille, etc.

Le complexe d'Œdipe, maintenant qu'il est entré dans le domaine public, les gens se posent des tas de questions là-dessus, alors qu'il a toujours existé, bien avant qu'on en parle. Et surtout, ceux qui le craignent ne se rendent pas compte que le complexe se manifeste de manière différente de ce à quoi on s'attend. Par exemple, dans une famille où il y avait trois enfants (dont deux garçons, les aînés), il se trouva que deux ou trois soirs de suite la mère était sortie avec le père. Les garçons sont venus lui dire : « Mais, enfin, pourquoi sors-tu toujours avec celui-là et jamais avec nous ? » Nous, c'était le commando des garçons. Alors, la mère, un peu déroutée : « Mais, c'est mon mari. J'ai bien le droit de sortir avec lui ! » Et l'un des enfants de dire : « Mais nous aussi, on veut être ton mari. » La maman ne savait pas quoi répondre. Là-dessus, l'autre garçon répond au premier : « Ben, tu comprends, lui c'est son mari pour faire des enfants, et puis nous, on serait des maris comme ça ! » La mère conclut : « Il a raison. C'est vrai. » Et voilà. Ils se sont tus, un peu marris de ce que la maman eût un mari.

Une autre façon qu'a le complexe de se manifester : le garçon qui aime son père, qui veut s'identifier à lui, qui veut qu'il ait toujours raison et qui, en même temps, aime sa mère, qui voudrait qu'elle ait des privautés avec lui... : « Tu sais, peut-être qu'il (le père) ne rentrera pas ce soir. Alors, s'il ne rentre pas ce soir, ou bien très tard, en attendant, je peux m'asseoir à sa place, hein ? Parce que c'est bête de laisser comme ça une place vide. » Bien sûr, à des propos comme ceux-là il faut que la mère ait de la présence d'esprit, c'est une mise à l'épreuve. Elle doit répondre : « Cette place, elle n'est jamais vide ; qu'il soit là ou pas, c'est la place de ton père. Il est toujours là, même quand il est absent, moi, je pense à lui. » Il est très mauvais que, sous prétexte que le père n'est pas là, la mère laisse prendre sa place par le fils ; celui-ci se donne alors, dans son imaginaire, le droit, par rapport à sa mère, de se croire son mari. C'est encore pire quand ça se passe dans le lit, simplement parce que la mère aime avoir chaud : « Pourquoi pas, puisque mon mari n'est pas là ? que mon fils vienne dedans ! » Cela serait très mauvais pour les enfants.

Vous voyez, c'est comme cela que le complexe d'Œdipe se manifeste dans la vie de tous les jours. Que la maman fasse attention. Qu'elle ne laisse jamais le glissement se faire, jamais un fils (ou une fille) prendre les prérogatives qui sont celles du mari à son égard, du père à l'égard des plus jeunes, parce que ces petites prérogatives, pour les enfants, dans leur vie imaginaire, c'est comme s'ils avaient le droit, reçu de leur mère (qui ne dit mot consent), de désirer remplacer le père. Et cela les culpabilise et les gêne dans leur développement. Pour une fille, c'est la même chose. Je me rappelle d'une petite fille, un matin que son père venait de partir après avoir gaiement claironné au revoir – elle avait à ce moment-là trois ans – elle était en pleine période d'amour incendiaire pour son père, qu'elle avait accompagné à la porte. Puis en se précipitant, elle est venue se réfugier contre sa mère : « Oh, papa, je le déteste ! – Ah oui ? dit la mère, et pourquoi le détestes-tu ? » Après un moment de silence, en se nichant contre sa mère (sur un ton désespéré) : « Parce qu'il est trop gentil ! »

Un autre type de question, en apparence : « Comment faire comprendre à un garçonnet de cinq ans, qui est plein de vie et de soif d'apprendre, qu'il y a quand même des moments où il faut laisser la parole aux grandes personnes, qu'il doit se taire parfois, ne serait-ce que quelques minutes, dans la journée ? C'est un enfant qui est très intelligent, très sensible, mais alors, quel bavard ! Je me réserve pourtant le droit, même en sa présence, d'essayer de parler un peu avec mon mari, d'écouter la radio, sans être constamment interrompue Qu'en pensez-vous ? »

L'enfant essaie de garder un amour possessif et jaloux sur la mère, il veut l'accaparer. C'est sans doute un enfant unique, ou alors très loin d'un autre éventuel.

Il a un petit frère qui a, lui, dix mois, donc est très jeune...

C'est ça ; le premier a été longtemps un enfant unique. Il n'a pas encore, dans son petit frère, un interlocuteur valable, si bien qu'il veut s'identifier aux grands, à son père. Il est en plein Œdipe, cet enfant. Il veut garder la mère pour lui, l'empêcher de parler à son mari. Mais ce n'est pas à elle de le rejeter. C'est au père de dire : « Maintenant, je veux parler avec ta mère, tais-toi. Si tu ne veux pas écouter, va-t'en. » Et puis, très gentiment, le père, s'il veut vraiment avoir une conversation avec sa femme et que ce petit bavard l'en empêche, lui donnera par exemple un chewing-gum ou un caramel. L'enfant le mangera et, après cela, le père dira : « Tu vois ! ce n'est pas parce que nous parlons tous les deux que tu es délaissé. Voyons, il faut t'y faire... » C'est quelque chose qu'il faut prendre avec humour. Visiblement, cet enfant défend sa position d'aîné. Peut-être est-ce que le père, quand il a des moments libres, ne s'occupe pas assez de lui et ne l'incite pas assez à devenir grand. Ce n'est certes pas commode, quand il y a un petit frère qui commence à prendre de l'importance, un petit qui ne parle pas encore... et un père triomphant rival sur toute la ligne ! A moi, pour moi, je la veux !

L'enfant aux prises avec le complexe d'Œdipe souffre. Il mérite compassion. Il a besoin d'amour chaste de la part de ses parents, et de paroles vraies concernant le désir interdit entre géniteurs et engendrés, comme entre enfants d'une même famille. Les parents doivent s'abstenir autant de le taquiner que de le blâmer, s'abstenir aussi de propos amoureux équivoques à son égard, de privautés ambiguës sous le couvert de câlins incendiaires, de joutes rivales soi-disant ludiques où l'enfant peut encore espérer triompher dans son désir incestueux. Tout cela ne ferait que retarder son développement psychosexuel.

Si la prohibition de l'inceste n'est pas clairement signifiée et acceptée entre sept et neuf ans au plus tard, les conflits œdipiens se réveillent à la puberté, aggravant les problèmes de l'adolescence, autant pour le jeune que pour ses parents et même pour les enfants plus jeunes, car les aînés sont fauteurs alors, à leurs yeux, de troubles au foyer et de drames entre les parents. Que de familles souffrent ainsi de ce que les parents se sont laissé prendre au piège de l'Œdipe de leurs aînés. Chacun des parents a gardé son préféré sans lui permettre de se faire, dès sept à neuf ans, des amis personnels hors de la famille, et sans l'avoir découragé à temps d'une amitié inconsciemment amoureuse, homosexuelle ou hétérosexuelle avec l'un des parents, ou avec un frère ou une sœur. C'est à la puberté des aînés que tout craque dans la violence ou la dépression, quand ce n'est pas dans la délinquance pour les jeunes et la dissociation du couple parental... Il n'y a ni tort ni raison... C'est la conséquence du désir incestueux et de ses pièges quand ils ne sont pas déjoués à temps. A ce moment-là, il faut sans tarder recourir à la psychothérapie psychanalytique – très efficace heureusement.

Des questions qui reviennent
(La séparation ; les jumeaux)

Il y a des questions qui décidément reviennent : et d'abord le problème de la présence prolongée des mères auprès de leur enfant.

Une mère a trois enfants : un garçon de quatorze ans, une fille de sept et une autre petite fille de quatre ans ; c'est cette dernière qui lui pose pas mal de problèmes : « J'ai cessé de travailler au moment où j'attendais cette petite, écrit la mère. Donc, elle a été élevée dans les meilleures conditions possibles, puisque j'étais toujours là pour m'en occuper. Et pourtant, elle devient de plus en plus difficile, et rend la vie impossible à tout le monde. J'essaie de la comprendre et d'avoir de la patience, mais elle me déprime, me fait sortir de mes gonds, m'épuise (...). Depuis quelque temps, elle frappe sa sœur et se mord elle-même pour se punir. Si elle est seule avec moi ou avec sa sœur, elle est charmante. Cela peut durer pendant des jours et des jours, mais, dès qu'une autre personne arrive, elle devient infernale. Je présume que c'est pour qu'on s'occupe d'elle. Je n'ose plus inviter ses petites amies à la maison, parce qu'il y a toujours des colères, des pleurs. Et lorsque j'essaie d'expliquer calmement son comportement, elle me répond : "Bon, allez, on va essayer d'être gentil." Malheureusement, cela ne dure jamais très longtemps. Je suis un peu désespérée de voir que j'ai si mal réussi avec elle. »

Je crois qu'il y a déjà un an que la mère aurait dû reprendre son travail ; je ne comprends pas pourquoi elle ne l'a pas déjà fait. Lorsque l'enfant dit : « *On* va essayer d'être sage », c'est comme si elle sentait qu'il ne s'agissait pas que d'elle, mais d'un trio qui va essayer d'être sage. Elle n'est bien que lorsqu'elle est à deux... Et puis, il n'est pas du tout question du père, dans cette lettre. Il n'est pas question non plus que, lorsqu'elle bat sa sœur, ou est en colère contre sa sœur, celle-ci soit ou non agressive avec elle. Je ne comprends pas très bien. Pourquoi est-ce que celle de sept ans, si elle est battue par la petite, ne se défend pas ? C'est pour cela que la petite est obligée de se mordre après, parce qu'elle trouve devant elle une mère qui se déprime et une sœur aînée qui a l'air d'être un tapis-brosse. Je ne pense pas que ce soit la plus petite qui soit la plus atteinte dans cette famille. J'ai l'impression que la mère a voulu trop faire pour elle, et trop longtemps. C'est la seule qu'elle ait entièrement élevée. Pour les autres elle n'avait pas cessé son travail. C'est une enfant « gâtée ». Sans doute la grande sœur se croit-elle moins de droits à l'amour de sa mère. Peut-être se laisse-t-elle battre par la petite pour gagner cet amour-là ?

Ce qui part d'un bon sentiment...

Oui, mais on dit aussi que l'enfer en est pavé ! A présent, cette mère devrait se remettre à sa propre vie aussi, peut-être reprendre du travail, sortir de la dépendance à sa petite. Cette enfant paraît mal partie. La sœur de sept ans aussi. Et puis, et puis... le fils, et le père, surtout, là-dedans ? Lorsqu'une mère est déprimée, il y a toujours un enfant de la famille, celui qui a le plus de vitalité, qui devient insupportable. On dirait que c'est l'électrochoc du pauvre. C'est une façon d'empêcher la mère de tomber dans la dépression. On a l'impression que l'enfant ne veut pas voir quelqu'un de dépressif et fait tout un ramdam pour que ça vive, là-dedans ; sinon, ça ne vivrait pas assez.

Il serait bon que la mère consulte pour elle-même un psychanalyste. Qu'elle tente d'éclairer le sens de sa dépression. Oui, je pense que le problème vient d'abord de la mère, et aussi de la grande sœur qui n'ont pas assez de défense, face à une petite qui a l'air d'être assez violente : elle a été élevée avec beaucoup d'égards et, maintenant, elle en a assez. On en fait trop pour elle. Elle n'a pas, en face d'elle, des gens qui soient à la hauteur de son agressivité. La mère devrait reprendre du poil de la bête, puis se remettre à travailler. Et dire à la sœur aînée de ne plus céder à la petite ni être trop maternante. Tout rentrera dans l'ordre, surtout s'il y a un père pour s'occuper d'elle, ou un grand-père, qui ne la laissent pas faire : cette petite fille dit « on » au lieu de dire « je » parce que c'est un désir ni de fille ni de garçon qui en elle fait la loi. Elle souffre et fait souffrir. Elle se sent coupable. Elle appelle au secours et « on » se lamente !

Justement, à propos de reprise du travail, une question revient assez souvent, c'est celle du « salaire maternel ». Beaucoup de femmes n'ont pas la possibilité de rester à la maison pour s'occuper de leurs enfants, pour des raisons d'existence pures et simples. D'après vous, la période des soins est assez limitée dans le temps ?

Oui, si l'on entend, par là, la nécessité qu'il y ait une personne à la maison tout le temps : ce sera jusqu'à l'acquisition de la démarche délurée, du bien parler et du bien se débrouiller physiquement, c'est-à-dire vingt-quatre à trente mois, au plus tard trois ans. Moi, je serais tout à fait d'accord pour l'institution d'un salaire, d'une allocation pour la mère qui reste à la maison, jusqu'à cet âge-là de l'enfant, et pourquoi pas le père ? Il y aurait des exceptions, pour des enfants qui seraient un petit peu plus fragiles que d'autres. A partir d'un certain âge, qui reste à déterminer pour chaque cas, l'enfant peut aller dans une garderie, matin et soir ; il n'a plus besoin d'être avec sa mère, une fois qu'il sait se débrouiller tout seul et qu'il sait être avec d'autres enfants. Éduquer un enfant n'est pas se consacrer à lui en se négligeant, encore moins en négligeant conjoint, autres enfants et vie sociale.

Deux objections, maintenant, à propos des jumeaux... J'ai là deux lettres, très différentes : l'une vient d'une vraie jumelle qui écrit : « Je me demande pourquoi tous les docteurs, tous les psychiatres, tous les sociologues s'obstinent à dire qu'il faut absolument séparer les jumeaux. Je ne suis pas du tout de cet avis. » Elle est bien placée pour le dire, puisqu'elle est une vraie jumelle. Elle parle de l'amour fraternel : *« Je vous dis tout cela pour vous montrer que, à mon avis, il n'y a rien de plus beau, de plus agréable, qu'un profond amour fraternel. Je crois que cet amour ne peut exister que chez de vrais jumeaux. Pourquoi vouloir les séparer ? Pourquoi risquer de les priver de cette chose si merveilleuse ? J'ai d'ailleurs maintenant deux fils, de quatorze et quinze ans, qui se disputent à longueur de journée. Cela fait mon désespoir. Étant donné le peu de différence d'âge, je les ai élevés presque comme des jumeaux. »* Et elle s'étonne de leurs réactions...

L'amour « sororal » existe. Que cette femme ait été ou non jumelle de sa sœur, elle aurait aimé sa sœur, et sa sœur l'aurait aimée. Il y a beaucoup de sœurs qui s'aiment. Il n'est pas nécessaire pour cela d'être jumelles. Mais peut-être que, dans ce cas-là, le fait d'être vraiment la réplique l'une de l'autre les a aidées. En tout cas, deux enfants qui sont séparés d'un an, ceux-là, on a intérêt à ne pas les élever en jumeaux...

Remarquez, d'ailleurs, que cette femme ne parle pas de son amour conjugal...

Vous avez employé – je vous reprends –, vous avez employé le mot « sororal » ?

L'amour « sororal » ! Eh bien, entre des sœurs ! n'est-ce pas français ? on ne peut dire « fraternel », quand il s'agit de sœurs.

Les filles aiment beaucoup être en doublet et s'entendre en famille. Jusqu'au moment où elles se disputent le même homme, quand elles deviennent jeunes filles... Les garçons, rapprochés ou jumeaux et amis, le sont moins étroitement que des filles. Ajoutez que l'amour entre frère et sœur peut être lui aussi authentique et sans ambiguïté toute la vie.

L'autre lettre maintenant, celle-ci d'une mère : « Je vous ai écoutée parler des jumeaux. Je vous ai entendue dire qu'il fallait les habiller différemment. Eh bien, pour moi, s'est révélé vrai le contraire. J'ai eu des jumeaux, garçon et fille. Je les ai toujours différenciés. Lorsqu'ils étaient dans le même parc, la fille mordait toujours son frère. Ensuite, je les ai séparés. Je les ai mis chacun dans un parc. Mais la petite arrivait toujours à rapprocher son parc et à mordre son frère. » Cette dame a eu un autre enfant, après. Et, toujours cette petite fille mordait le dernier arrivé :

« Un jour, j'ai habillé les enfants de la même façon – j'ai finalement habillé tout le monde pareil. Je les ai donc traités en jumeaux, comme on a l'habitude de le faire, et tout a disparu, tout s'est calmé (...). Seuls les parents savent vraiment ce qu'il faut faire devant une situation donnée. On ne devrait pas essayer de se construire un enfant-type, de faire entrer son enfant ou ses enfants dans le moule d'une sorte d'enfant idéal. On a tendance maintenant à ne connaître que par le livre, par le cinéma ou par autre chose... »

Oui. Et même en écoutant Françoise Dolto ! La personne qui m'écrit a raison, chacun doit chercher réponse à ses propres questions. C'est juste. Il n'y a pas d'enfant-type. Ici, la fille qui mordait ses frères a été feintée par l'uniforme unisexe !

Voilà donc deux lettres qui contrarient ce que vous aviez expliqué...

Non, elles citent des cas particuliers où d'autres solutions ont porté leurs fruits.
Et j'y ai déjà insisté : je remercie beaucoup qui a pris le temps de m'écrire pour contester mes réponses. Je voudrais que les mères et les pères comprennent bien l'esprit qui les anime, ces réponses. Je réfléchis aux moindres détails des lettres et j'essaie, à l'aide de tous ces éléments, de réfléchir

avec eux : mais non à leur place. Si des parents ont réussi, dans des difficultés analogues à celles qu'on a relatées, en agissant tout autrement que je ne le conseille, je suis heureuse de faire état de leurs témoignages. Cela peut aider d'autres parents. Et nous n'avons que cela pour but.

Des enfants agressifs, ou agressés ?
(Retour d'école)

Encore une série de questions. Il s'agit d'une mère qui a une petite fille de cinq ans et demi, un petit garçon de quatre ans et demi et une autre petite fille, de deux ans. Elle va bientôt avoir un autre enfant. Sa question concerne la fille de cinq ans et demi, qui est l'aînée. Elle va à l'école, est assez grande pour son âge et aussi un peu ronde, elle ressemble d'ailleurs à sa mère. Un jour, elle est rentrée de l'école extrêmement triste. Ses parents l'ont interrogée et elle a raconté que d'autres enfants de sa classe la traitaient de « grosse patate pourrie », ce qui a semblé la démoraliser énormément. Le problème précis serait le suivant : comment peut-on aider un enfant à acquérir son propre système de défense, ou même d'autonomie, dans un milieu qui n'est pas le milieu familial ?

Je crois que c'est la mère qui s'est déprimée quand l'enfant lui a raconté ça. En parlant avec la petite fille, on peut lui dire, par exemple : « Qu'est-ce que tu aurais pu répondre ? Je crois que la petite fille qui t'a dit ça, elle est jalouse. Je ne sais pas de quoi, mais elle doit être jalouse. » Car c'est très fréquent, que les autres enfants injurient un enfant dont ils sont jaloux. Bon ! Maintenant, il y a des enfants qui ont à souffrir à cause d'un enfant « sadique » à l'école. Dans ces cas-là, les mères et les pères ne doivent s'adresser ni à la maîtresse ni aux parents de l'enfant qui a injurié le leur. Qu'ils aident eux-mêmes leur propre enfant, à l'école, en allant parler à celui qui l'a injurié : « Alors, qu'est-ce que tu as dit, à ma fille ? C'est très mal ce que tu as fait là », etc. Qu'ils fassent la leçon, qu'ils grondent l'enfant qui a fait un mal moral réel à leur enfant. Cette semonce d'homme suffit ; il faut, après, aider : « Pourtant, tu es mignon. Pourquoi es-tu aussi méchant avec ma fille ? que t'avait-elle fait ? rien, alors pourquoi ? Tu lui as fait de la peine. Allez faites la paix ! »

Voyez-vous, un enfant qui injurie un autre enfant, c'est souvent parce qu'il souffre, et en veut à cet autre qui lui paraît plus heureux ou plus aimé que lui. Il l'envie, voudrait être son ami.

Il y a aussi beaucoup d'enfants qui ne savent pas répondre à de banales sottises et en font un drame. Alors là, on peut réfléchir à la maison à des réponses possibles. Il y a beaucoup de choses qu'on peut, par exemple, répondre à « patate pourrie ». On peut trouver, en famille, des choses très drôles, que l'enfant apprendra et saura dire. Joutes verbales et sens de la plaisanterie.

Il y a aussi le cas des enfants qui sont constamment battus par d'autres. Là, c'est différent. Si cela semble sérieux, le père doit y aller voir. Souvent, c'est un petit qui agresse le grand : le grand a peur de sa force et ne voudrait pas taper un petit parce que, par exemple, dans sa famille, ça ne se fait pas. Il y a aussi des enfants qui – on ne sait pourquoi – se laissent battre, et même provoquent les autres à les battre, mais alors ce n'est pas seulement à l'école. Nous ne pouvons pas entrer dans les détails, mais pour ces petits masochistes en herbe, ces apeurés de tout, il y a un moyen qui les aide beaucoup, c'est de dire : « Je pense que tu ne fais pas attention à la façon dont les autres te battent. Tu te réfugies tout de suite, tu te caches, ce n'est pas ainsi que tu sauras jamais te défendre. Fais bien attention, au contraire. Alors tu remarqueras les coups qui font mal, et ceux qui font *mieux* mal. » Il faut dire ceci : « *mieux* mal », bien que ce ne soit pas très correct. Avec l'autorisation de recevoir des coups et de faire attention à la façon dont il les reçoit, généralement l'enfant triomphera de sa difficulté au bout de quelques jours, il saura répondre et ne sera plus ennuyé par les autres.

Très souvent aussi, il s'agit d'un enfant unique auquel, à la maison, on a inculqué qu'il ne fallait pas qu'il soit batailleur, que ce n'était pas joli. Alors, rentré à la maison, il raconte : « Les autres me battent, ils sont méchants, tous me battent... », et les parents répondent : « Défends-toi, défends-toi ! » Mais il n'a pas appris à se défendre, puisqu'il n'a pas eu l'occasion auparavant d'être agressif. Encore une fois, un enfant encouragé à faire bien attention à la façon dont il est agressé, sait très bien, au bout d'un certain temps, rendre les coups, et se faire respecter. C'est un apprentissage.

Bien d'autres choses se passent dans les écoles. Souvent, les enfants, entre eux, ont ce dialogue classique : « Moi, mon père, il est plus fort que le tien. Moi, mon père, il est plus intelligent que le tien. Moi, mon père, il est plus riche que le tien », etc. Alors, que faut-il faire lorsque les enfants, rentrés chez eux, racontent cela ? Faut-il les laisser régler le problème eux-mêmes ou les aider à y répondre ?

Il faut savoir d'abord à qui l'enfant s'adresse. Imaginons que c'est à son père que l'enfant s'adresse en expliquant : « Tu sais, l'autre, il dit que toi... » Si le père a confiance en lui-même et connaît sa propre valeur, eh bien, qu'il réponde : « Mais, il est idiot ton camarade. S'il dit que son père est bien parce qu'il est riche, c'est qu'il n'est pas sûr que son père l'aime autant que, moi, je t'aime. Ce n'est pas la voiture ou les habits qui prouvent que les gens sont bien. » Enfin, des choses comme ça... Chaque enfant aime son père, et, quand il se sert de ces moyens-là pour dire à son père ce que l'autre a dit de lui, c'est pour être sûr que son père est fort, qu'il n'est pas humiliable. Le père peut en ressortir grandi. C'est le cas quand il sait répondre : « Mais moi, je me trouve quelqu'un de très bien. Je n'ai pas besoin que les autres le disent. Et tu peux lui répondre : "Mon père est quelqu'un de très bien. Et moi aussi, son fils, je suis quelqu'un de très bien". » Voilà !

Il est inévitable que des enfants se vantent de leur père. Je me rappelle un dialogue que j'ai surpris – les enfants ne savaient pas que je les écoutais – entre deux enfants de trois, quatre ans. L'un disait : « Moi, mon papa, il a une moto, elle marche très vite. » Et l'autre : « Mon papa, il a une moto qui marche très vite, très vite, très vite. » Alors, on en est arrivé aux très vite, très vite... entassés et cela a duré cinq minutes ; puis, il y en a un qui a dit : « Eh bien, moi, mon papa, il a une moto qui ne s'arrête jamais ! » Pour en finir, l'autre lui a craché dessus et ils se sont séparés. Qu'est-ce que ça peut faire ? Ce sont des histoires entre enfants.

Le mot de la fin, on va le laisser à une lettre qui nous dit : « Il est bien vrai que l'enfant bouleverse complètement une vie, transforme les êtres et leur fait donner le meilleur d'eux-mêmes. Être parent, ce n'est pas quelque chose d'inné, mais quelque chose qu'on apprend. »

On pourrait même dire que c'est en deux sens que l'enfant est le père de l'homme !

Index

accouchement : 26.
adoption : 75, 127.
agressivité : 164-166, 181, 185.
aimer : 61, 112, 120, 124, 148, 178, 184.
aîné : 22, 123, 187-188.
alimentation : 105.
allaitement maternel : 103.
angoisses : 68, 71, 110, 123, 143-145 ; – nocturnes : 61, 65, 141.
animaux : 135.

baisers : 113, 120.
bilinguisme : 127, 131.

caprices : 18, 37, 41, 66.
cauchemars : 57, 59, 61.
chambre : 29, 58.
colères : 38, 67, 91, 181.
complexe d'Œdipe : 163, 170, 174, 176, 179.
coucher : 29, 57, 60, 152.
crèche : 48.

dessin : 114, 133.
Dieu : 171.
disputes : 43, 90.
divorce : 72.

école : 19, 33, 52, 106.
énurésie : 64.

fessées : 43, 120, 129.

gardienne : 50, 67.
grands parents : 32, 50, 141.
gros mots : 156.

habitudes : 28.
hôpital : 137, 140.
humilier : 120, 187.

imaginaire, imagination : 135, 165.
impertinence : 157, 170.
injustice : 39.

jalousie : 23, 38, 63, 88, 187.
jeux : 68, 136, 164.
jumeaux : 144, 146-147, 181, 183.
jumelage : 68, 148, 184.

laisser crier : 143.
loisir : 132.

manger proprement : 154.
mère : 37, 84, 170, 181, 183.
moquerie : 187.
mort : 97, 164.
musique : 117.

naissance : 78, 110, 122.
nudisme : 158.

obéissance : 150.
opérations : 137.
opposition : 150, 153, 168, 174.

parole : 26, 111.
père : 34-36, 57, 82, 125, 171, 173, 189.
père Noël : 94.
propreté sphinctérienne : 45, 111, 128.

ranger : 151.

refuser : 135.
rivalité fraternelle : 146, 187.
rythme : 28, 152.

séparation : 30, 34, 51, 59, 181.
sexualité : 81, 161-163.

situations illégales : 71.
sommeil : 28, 55, 62, 142
souffrance physique : 137, 143, 188.

travail de la mère : 50, 181.
trois ans : 109, 124.

Table

Préface	7
Il y a toujours une raison	17
L'homme sait tout depuis qu'il est tout petit	22
Tu vois, nous t'attendions	26
Lorsque le père s'en va	34
Qu'est-ce qui est juste ?	37
A propos de propreté	45
Qui abandonne qui ?	48
Chacun différent pour le sommeil	55
Aimer « bien », aimer « avec désir »	61
Crier pour se faire entendre	66
Séparation, angoisses	71
Des questions indirectes.	75
Y a-t-il des mères fatiguées ?	84
Le grand, c'est un petit peu la tête et le petit, ce sont les jambes.	78
Qu'est-ce qu'une chose vraie ?	94
Nous mourons parce que nous vivons	97
C'est le bébé qui crée la maman	103
Encore un moment à la maison	106
Il n'y a pas de « doit parler »	110

Il sera artiste	114
Questions muettes	119
Ce qui a été fait a été fait	123
Comprendre une autre langue, adopter ses nouveaux parents	127
Les enfants ont besoin de vie	132
Quand on touche au corps de l'enfant	137
Un bébé doit être porté	141
Bébés collés, jumeaux jaloux	146
Dire « non » pour faire « oui »	150
Nus, devant qui ?	158
« On dirait qu'elle est morte »	164
« On », c'est qui ?	168
Jouer à l'Œdipe…	174
Des questions qui reviennent	181
Des enfants agressifs, ou agressés ?	187
Index	193

Du même auteur

Psychanalyse et Pédiatrie
Seuil, 1971
« Points Essais », n° 69, 1976

Le Cas Dominique
Seuil, « Points Essais », n° 49, 1974

Lorsque l'enfant paraît (t. 2)
Seuil, 1978
« Points Essais », n° 572, 2007

Nouveaux Documents sur la scission de 1953
(en collab. avec Serge Leclaire)
Navarin, 1978

Lorsque l'enfant paraît (t. 3)
Seuil, 1979
« Points Essais », n° 573, 2007

L'Évangile au risque de la psychanalyse (t. 1)
(en collab. avec Gérard Séverin)
Seuil, « Points Essais », n° 111, 1980, 2002

Au jeu du désir
Essais cliniques
Seuil, 1981
« Points Essais », n° 192, 1988

Enfants en souffrance
Stock, 1981

L'Évangile au risque de la psychanalyse (t. 2)
(en collab. avec Gérard Séverin)
Seuil, « Points Essais », n° 145, 1982

Séminaire de psychanalyse d'enfants (t. 1)
(en collab. avec Louis Caldaguès)
Seuil, 1982
« Points Essais », n° 220, 1991, 2002

La Foi au risque de la psychanalyse
(en collab. avec Gérard Sévérin)
Seuil, « Points Essais », n° 154, 1983

L'Image inconsciente du corps
Seuil, 1984
« Points Essais », n° 251, 1992, 2002

Séminaire de psychanalyse d'enfants (t. 2)
(en collab. avec Jean-François de Sauverzac)
Seuil, 1985
« Points Essais », n° 221, 1991

Enfances
Seuil, « Points », n° P600, 1986, 1999

Dialogues québécois
(en collab. avec Jean-François de Sauverzac)
Seuil, 1987

Quand les parents se séparent
(en collab. avec Inès Angelino)
Seuil, 1988 et « Points Essais », n° 587, 2007

Autoportrait d'une psychanalyste
(texte mis au point par Alain et Colette Manier)
Seuil, 1989
« Points », n° P863, 2001

Lorsque l'enfant paraît
(édition complète en relié)
Seuil, 1990

Séminaire de psychanalyse d'enfants (t. 3)
Inconscient et destins
(en collab. avec Jean-François de Sauverzac)
Seuil, « Points Essais », n° 222, 1991

L'Enfant du miroir
(en collab. avec Juan-David Nasio)
Payot, 1992, 2006

Solitude
Réédition : Gallimard, 1994
« Folio Essais » n° 393, 2001

Articles et conférences
T. 1. Les Étapes majeures de l'enfance
Gallimard, 1994
« Folio Essais », 1998

Articles et conférences
T. 2. Les Chemins de l'éducation
Gallimard, 1994
« Folio Essais », 2000

Article et conférences
T. 3. Tout est langage
Réédition : Gallimard, 1995, 2002

La Difficulté de vivre
Réédition : Gallimard, 1995

La Cause des enfants
« Pocket », n° 4226, 1995, 2007

L'Éveil de l'esprit
Nouvelle pédagogie rééducative
LGF, n° 13710, 1995

Destins d'enfants
Gallimard, 1995

Quelle psychanalyse après la shoah ?
(en collab. avec Jean-Jacques Moscovitz)
Temps du non, 1995

La Sexualité féminine
Gallimard, 1996
« Folio Essais », 1999

La Cause des adolescents
« Pocket », n° 4225, 1997, 2003

Le Sentiment de soi
Gallimard, 1997

Parler de la mort
Mercure de France, 1998

L'Enfant dans la ville
Mercure de France, 1998

L'Enfant et la Fête
Mercure de France, 1998

Articles et conférences
T. 5. Le Féminin
Gallimard, 1998

L'Enfant, le Juge et la Psychanalyse
(en collab. avec André Ruffo)
Gallimard, « Françoise Dolto », 1999

Paroles pour adolescents
ou le Complexe du homard
(en collab. avec Catherine Dolto-Tolitch)
Réédition : Gallimard, « Giboulées », 1999, 2003

Le Dandy, solitaire et singulier
Mercure de France, « Le Petit Mercure », 1999

La psychanalyse nous enseigne qu'il n'y a ni bien
ni mal pour l'inconscient : 30 décembre 1987
(en collab. avec Jean-Jacques Moscovitz)
Temps du non, 1999

Les Évangiles et la Foi
au risque de la psychanalyse (t. 2)
Gallimard, 2000

Père et Fille
Une correspondance (1914-1938)
Mercure de France, 2002

Parler juste aux enfants
Entretiens
Mercure de France, 2002

Entretiens
Les Images, les mots, le corps
(avec Jean-Pierre Winter)
Gallimard, « Françoise Dolto », 2002

Lettres de jeunesse (1913-1938)
Gallimard, 2003

La Vague et l'Océan
Séminaire sur les pulsions de mort (1970-1971)
Gallimard, « Françoise Dolto », 2003

Une vie de correspondance
(1938-1988)
(édition établie et présentée par Muriel Djéribi-Valentin)
Gallimard, « Françoise Dolto », 2005

Parler de la solitude
(textes choisis et présentés par Élisabeth Kouki)
Mercure de France, 2005

Mère et fille
Une correspondance (1913-1962)
Mercure de France, 2008

Archives de l'intime
Gallimard, 2008

Une psychanalyste dans la cité
L'aventure de la Maison verte
Gallimard, 2009

RÉALISATION : PAO ÉDITIONS DU SEUIL
IMPRESSION : NORMANDIE ROTO IMPRESSION S.A.S. À LONRAI (ORNE)
DÉPÔT LÉGAL : JUIN 2007. N° 93056-8 (124131)
IMPRIMÉ EN FRANCE